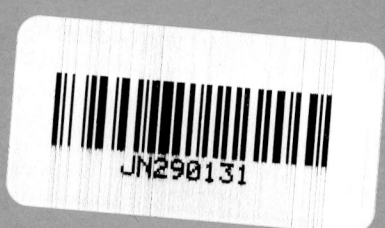

つまずき解消！クイック算数上達法

子どもの「なぜ？」をスッキリ解決！

40

篠田幹男
岩村繁夫
【編著】

いかだ社

はじめに
だれでもわかる・できる学習をめざして

子どものつまずきは、私たちに教師としての力量をつけてくれます。つまずきを取り除く手立てを考える中で、教材の本質に気づかされることもあります。子どもがつまずいたとき、私たちは指導書や指導要領の枠にとらわれず、子どもの側に立った解決法を考え出さなければなりません。

子どものつまずきは一様ではありません。正比例のように同時一様連続変化とはなりません。「つまずき」をおおまかに「できる・わかる」という視点で分類すると、３通りあります。

①**できているがわかっていない**……顕著な例は「分数のわり算」です。計算間違えはほとんどありませんが、どうしてその仕方で答えが出るのかという理由はなかなか説明できません。

②**わかっているができていない**……くり下がりのあるひき算などがいい例です。タイルなどを使って計算のやり方を説明できる子でも計算間違いがあります。

③**わからないからできない**……割合の問題などは「倍」の意味がとらえにくく、３つの用法を混乱し、かけ算するのかわり算するのか、演算決定を勘に頼っている子がいます。

これらの現象には個々に違いはあっても原因があるはずです。原因を分析し、だれもがわかり・できるようになることが私たち教師の願いです。

原因を曖昧にして、やたらに練習量を増やして「つまずき」を解決しようとするのであれば、「算数嫌い」を増やしかねません。「お母さんも算数嫌いだったんだって。だから、私ができなくてもあたりまえなの」とあきらめられたら、ばんかいするのには大変なエネルギーが必要となります。「わかり・できる」ところからは「嫌い」の言葉は生まれないでしょう。

本書では、子どもたちの「つまずき」やすい点を40項目として取り上げました。そして、「つまずき解消法」として、子どもたちが自ら取り組み、わかり・できるようになるひとつの手立てを紹介しています。

本書がすべての子どもたちが抱えている問題に応えるべくもありませんが、日々悩み格闘している先生方の参考となり、操作活動を重視し、教材教具を開発し、学級で話し合いを深め、子どもたちそれぞれのすばらしさを確かめ合いながら、みんながわかる「楽しい授業づくり」の役に立てればと願っております。そして、一人でも多くの子が「算数っておもしろい！」とつぶやいてくれれば、これほどうれしいことはありません。

2008年3月　篠田幹男・岩村繁夫

目次

整数の性質と計算のつまずき

こんな子はいませんか

小数のつまずき

こんな子はいませんか

分数のつまずき

こんな子はいませんか

量のつまずき

こんな子はいませんか

図形のつまずき

こんな子はいませんか

文章問題のつまずき

こんな子はいませんか

1 ゾウ3頭がアリ4ひきより多いと思っている子

こんな子はいませんか？

1対1対応

つまずき

　大きさや並び方で、どちらが多いか一目ではとらえられません。そこで、「1、2、3……」と唱えて比べますが、数えたいものと数値がずれてしまう子がいます。

つまずき解消法

1対1対応の学習は同種のものの集まりを集合数ととらえることが狙いです。カップとお皿のような結びつけやすいものから、花とリスのような関係のないものの多少を線で結んだり、ペアをつくり、ひとつひとつ対応させながら比べます。

①動作化

男の子と女の子に分かれて1列に並びましょう。

②ゲーム

どっちが多く入ったかな？

結果はBチームのほうが多い！

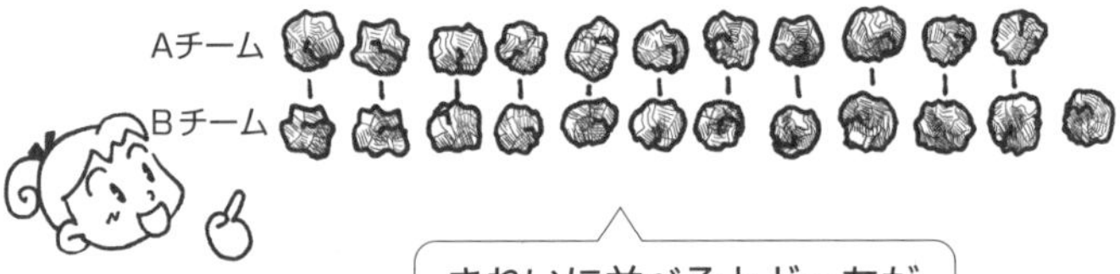

きれいに並べるとどっちが多いかよくわかるね。

③タイル

2 3＋6の計算を指で数えたしをしている子

たし算

つまずき

数には順序を表す数と、集まりを表す数があります。

「数えたし」は、1、2、3……と順番に数えてたすことに問題があります。「指」を使うこと自体は大きな問題ではありません（指も数を表す半具体物になります）。

しかし、数えることとたすことは意味が違います。

3＋6の計算をしなければならない場面は、3の集まりと6の集まりの「合併」か「添加」です。このようにたし算も2つの意味があります。

合併のたし算

赤いチューリップが3本咲いています。黄色いチューリップが6本咲いています。チューリップは合わせて何本咲いていますか。

添加のたし算

赤いチューリップが3本咲いています。あとから黄色いチューリップが6本咲きました。チューリップは全部で何本咲きましたか。

1、2、3と数えて
3本咲いている。

1、2、3、4、5、6と数えて
6本咲いている。

3本＋6本＝9本となります。

赤いチューリップを1、2、3と数えて、その続きで黄色いチューリップを4、5、6、7、8、9と数えたのでは、たし算になりません。

つまずき解消法

指を使った数えたしを解消するには、2つの手立てが必要です。

①具体物の操作活動でたし算の意味の理解をていねいに指導すること。

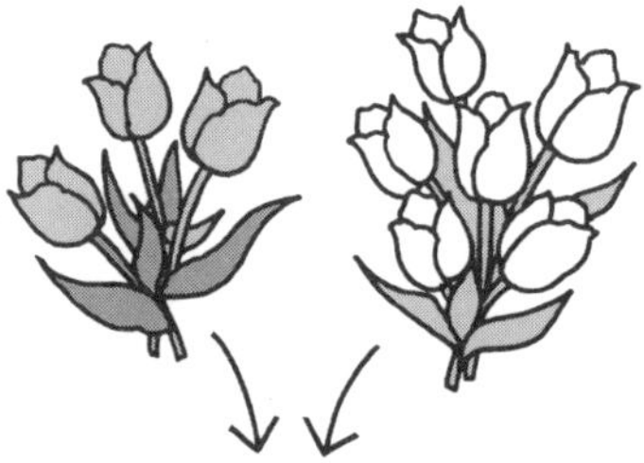

花瓶に生ける

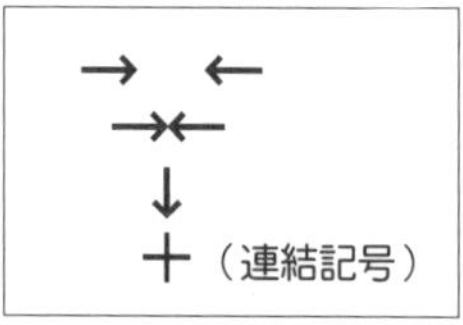

＜たし算記号＞
子どもたちとの約束

ガッチャンと連結

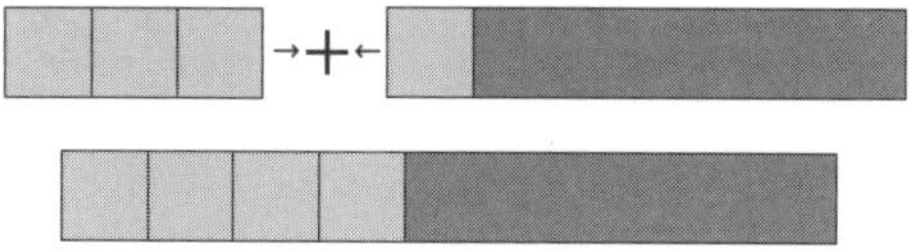

１辺が2.5cmの正方形を１として、色工作用紙でつくります。それぞれ、2つずつ、ビニールの小袋に入れておきます。５タイルは１～４タイルと色分けします。

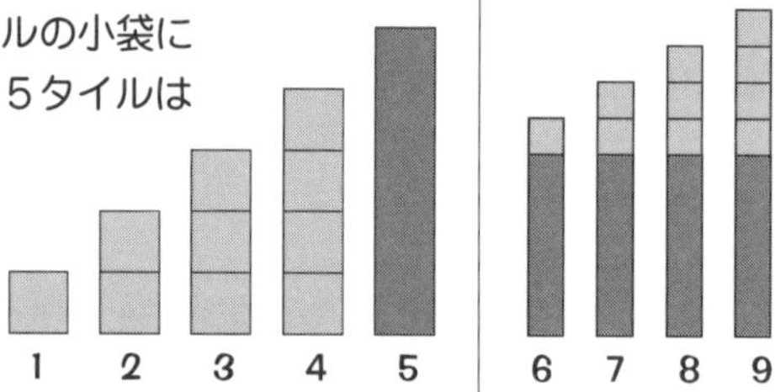

②半具体物（タイル）の操作活動で、指でたし算するより簡単にわかる実感をもたせること。

タイル操作が指より簡単とわかるためには、タイルがいつもすぐに出せるように、小袋に入れておくとよいでしょう。

５タイルを中心として、１と５で6、２と５で7、３と５で8、４と５で9と、９までの数を考え、タイル（タイル図）が一目で読めるようになれば、数をまとまりとして考えられるようになり、「数えたし」はなくなります。

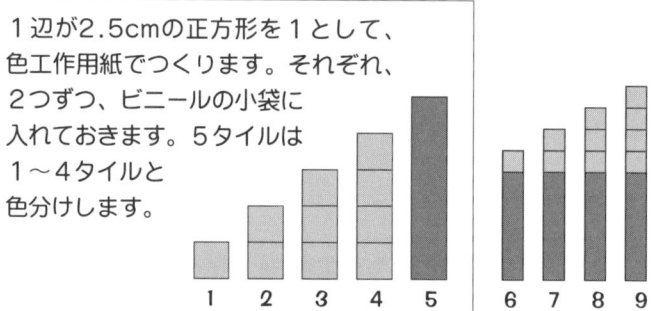

3「503−326」の計算で十の位を「10−2」と計算してしまう子

整数のひき算

つまずき

算数の学習の大きなねらいのひとつは、十進位取り記数法を理解させることです。整数の大きな数のひき算は、十進数の構造を理解するのによい教材です。

	まい	本	こ
	百	十	一
	5	0	3
−	3	2	6
	1	8 ?	7

	まい	本	こ
	百	十	一
	4	⑩	⑩
	~~5~~	0	3
−	3	2	6
	1	8 ?	7

「**こ**の部屋の３−６はできません」
「となりから10もらってきて13−6は７」
「**本**の部屋は10−２だから８」
「**まい**の部屋は**本**の部屋に１枚あげたから４−３は１」

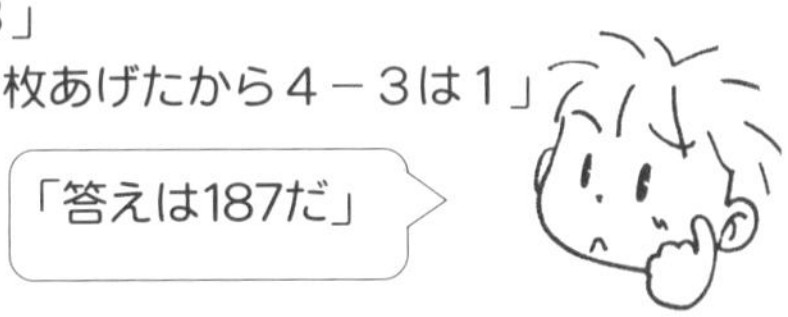

子どもたちは計算の手順が増えると、その手順を忘れたり、自分に都合がよい計算（計算の意味を度外視して、くり下がりのないように、ひき算しやすい方からひく）をしたりします。

このような誤りをなくすためには、友だちに計算方法を教える活動が最適です。タイルを操作しながら声を出すことによって、自分自身が学ぶことができます。

	まい	本	こ	
	百	十	一	
	5	0	3	
−	3	2	6	
	2	2	3	?

つまずき解消法

タイル操作をことばにすることによって、計算方法を明確にします。

「計算のやり方をお友だちに教えてあげるために、手紙を書こう」などと課題を出し、タイル操作をさせながら計算の手順を文章としてまとめさせます。

①「一の位の３から６はひけません」

②「十の位から１本もらいたいけれども、何もありません」

③「百の位から１まいもらい、十の位を10本にします」

【実際にタイルを切り10本をつくる操作を大切にします】

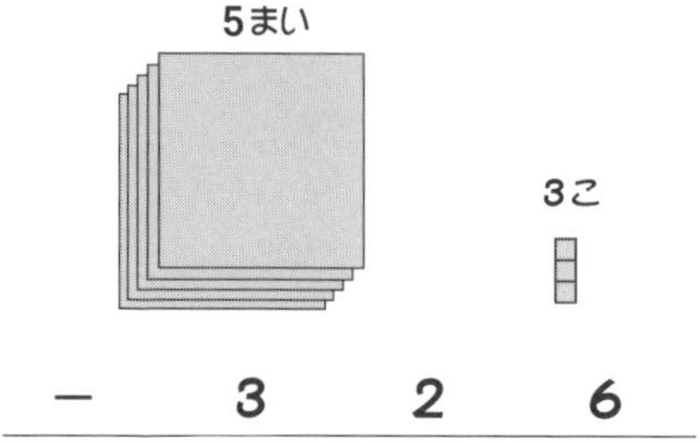

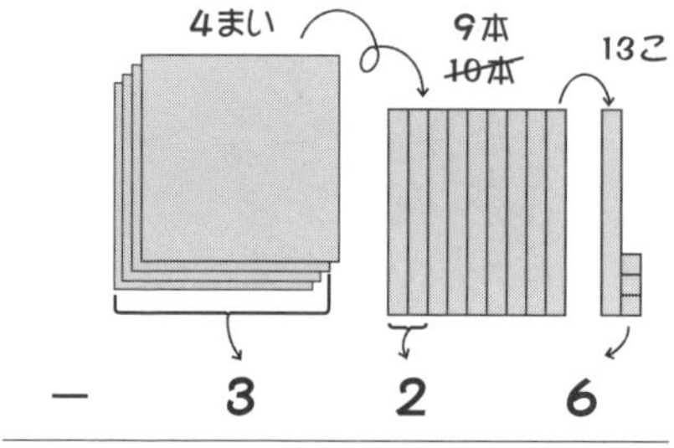

④「百の位は４まいになりました」

⑤「十の位の10本から、１本を一の位にあげると一の位は13こになります」

⑥「十の位は１本あげたから９本になりました」

⑦「一の位は13－6＝7です」

⑧「十の位は９－2＝7です」

⑨「百の位は４－3＝1です」

⑩「答えは１まい7本７こだから177です」

子どもたちは、「‥‥‥になるでしょ。わかった」などと自分のことばで手紙文を書くことでしょう。手紙をすらすら書けない子には、「次、どうやったの？」とタイル操作を聞いてあげながら、文章化させます。

4 九九がなかなか覚えられない子

かけ算の素過程

つまずき

「しちし　にじゅうはち」が唱えにくかったり、「7の段と8の段が苦手なんだ」という子がいます。「九九81こも覚えなければならないのか！」と悲鳴をあげる子もいます。何回も唱えて、覚えようとしてもなかなか覚えきれないで、「にいちがに、ににんがし、にさんがろく」と順につぶやきながら、やっと「にはち　じゅうろく」が出てくる子もいます。また、「しちは　ごじゅうし」と覚えてしまっていて、何の疑問ももたないでいる子もいます。

耳だけを頼りに覚えることは大変な労力が必要で、苦手な子どもにとっては大きな負担となります。かけ算の素過程である「九九」を唱えて覚えることも必要なことですが、かけ算は＜1あたり量×いくつ分＝全体量＞という異種の演算であることを重視しなければなりません。「しちし　にじゅうはち」と覚えるより、7こ／さら×4さら＝28ことわかる方を大切にしたいものです。

つまずき解消法

かけ算の素過程である「九九」の学習では、全体量が求められることと、異種の量の演算であることを理解しなければなりません。

この２つの課題を獲得するにはタイル図が最適です。

> イチゴがひとさらに７こあります。それと同じおさらが４さらあります。イチゴは全部で何こありますか？

例題として、上のような問題を考えたとき、５タイルを中心としてタイル図を描けば、下左図のようになります。

このタイル図は一目で全体量が28こだとわかります。

また、＜１あたり量＞×＜いくつ分＞＝＜全体量＞も表現され、かけ算は異種の量の演算であることがわかります。

＜算数式＞においても７こ／さら×４さら＝28こ

と書けば、異種の演算であることがより明確になります。

しかし、タイル図は簡単には描けません。下右図のような＜かけ算シート＞にタイルを並べる過程が必要になります。

かけ算の素過程を段による口ずさみの暗唱で学習を進めるより、タイルを並べ、タイル図を描きながら、自らが全体量を求めていく学習の方が子どもたちの理解は深まり、負担も軽減されます。

タイル図

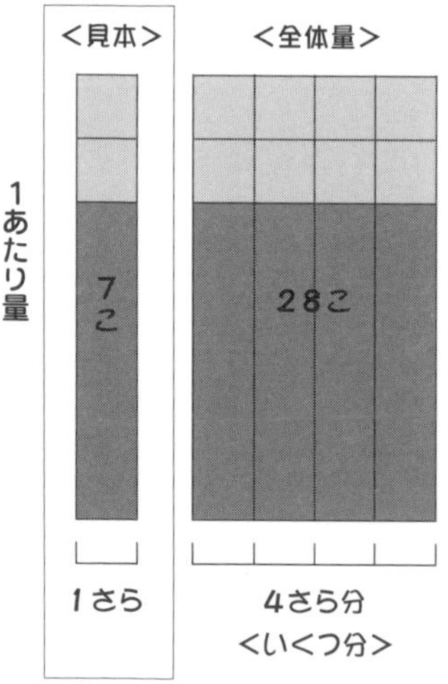

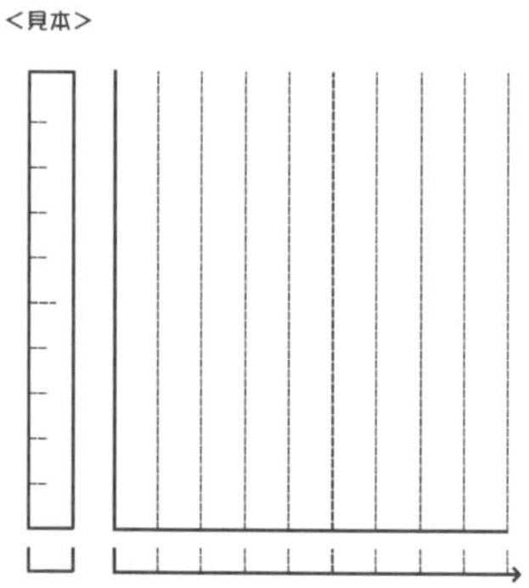

5 104×4の筆算で十の位の0と4をかけ忘れる子

かけ算の筆算

つまずき

大きな数になると具体的なイメージがもてなくなってしまいます。また機械的に数を処理してしまっては、学習意欲を持てなくなってしまう子もでてきます。そこで具体物を提示して、問題を解決しようとする場面設定が大切になります。

例題として、「池の周りは304mです。４周走りました。全部で何m走ったことになりますか？」などを取り上げた場合には、実際に走ってから計算方法に取り組めば意欲も高まります。

```
   3 0 4
×   ① 4
─────────
   1 3 6 ?
```

つまずき解消法

筆算は位取りが大切です。位取りがはっきりわかる教具はタイルです。十の位に0がある計算でも＜タイル操作＞と＜タイル算＞で問題が解決できます。

タイル操作

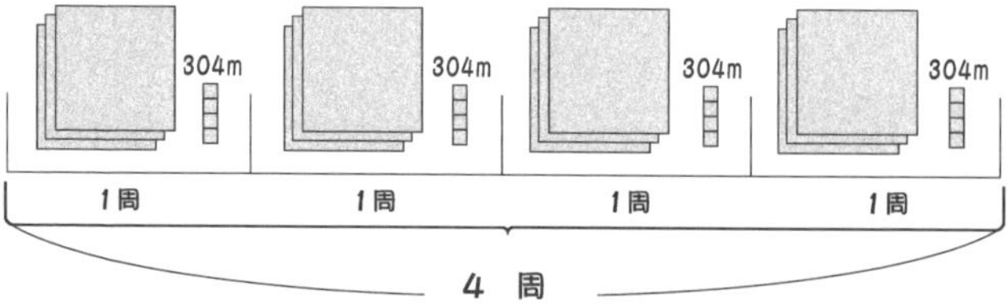

タイル算

①バラタイル　4×4＝16（こ）　→1本6こ
②百タイル　　3×4＝12（まい）→1たば2まい

【合計】　　1たば2まい1本6こ→1216こ
　　　　　　　　　　1216m（答え）

【タイル図】

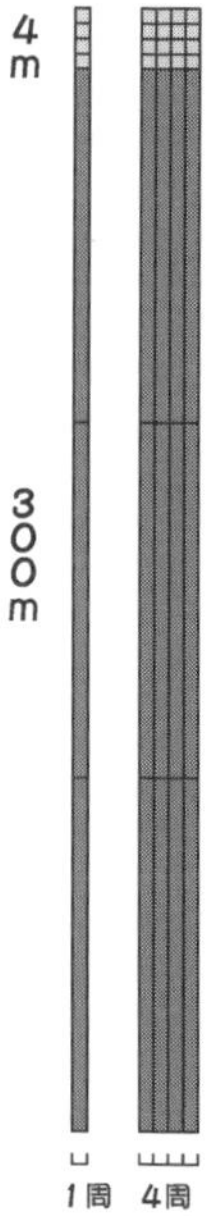

【筆算】

たば	まい	本	こ
	百	十	一
	3	0	4
×			4
①1	2	①1	6

上のタイル操作の図と左のタイル図とは、意味が違います。

タイル図はかけ算の構造を表していますが、タイル操作の図は筆算と対応した図です。タイル図は模造紙に正確に描く必要があります。

6 808÷8を11にしてしまう子

わり算の筆算

つまずき

```
   808
÷    8
──────
とは書きません
```

```
   1   1 ?
  ─────────
8)8 0 8
  8
  ─────────
8)      8
        8
  ─────────
        0
```

わり算の筆算方法は、これまでのたし算・ひき算・かけ算とは書き方が異なります。

計算も大きい位からはじめるので、子どもたちはとまどいます。

また、かけ算九九を利用して商を求めるので、九九に自信がない子は、商をたてるのに時間がかかり、筆算のアルゴリズム（たてる・かける・ひく・おろす）の手順がおろそかになってしまいます。筆算のアルゴリズムがわかっていても、多位数÷１位数の計算で被除数に０が含まれていると躊躇してしまう子がいます。左の計算で見ると、８÷８＝１とすぐに商が見つかりますから、十の位の０を無視して、なんかおかしいと感じつつも11と答えて、計算を終了してしまいます。

つまずき解消法

【8の段】

72＝9×8
64＝8×8
56＝7×8
48＝6×8
40＝5×8
32＝4×8
24＝3×8
16＝2×8
8＝1×8
0＝0×8

①かけ算九九に自信がない子には九九表を持たせます。

わり算は、１あたり量を求めるわり算といくつ分を求める２つの意味がありますので、意味理解を優先します。

②具体物で操作する活動を重視します。

例題として「808枚の折り紙を８グループに分けます。１グループは何枚になりますか？」などでは、１束100枚の折り紙を８束つくり、実際にグループに分ける活動を通して、商は大きい位からたてることを理解させます。

③半具体物のタイル操作で商を求め、筆算と照応させます。

①　はじめに百タイルを配ります。
「８まいを８グループに配ります。何まいずつ配れますか？」
「８÷８＝１　１まいずつ配れます」
「何まい配れましたか？」
「１×８＝８　８まい配りました」
「のこりは何まいですか？」
「８－８＝０　のこりはありません」
②　次に本タイルを配ります。
「本タイルはないので、配れません」
「０本ずつ配ったことにしましょう」
③　最後に、こタイルを配ります。

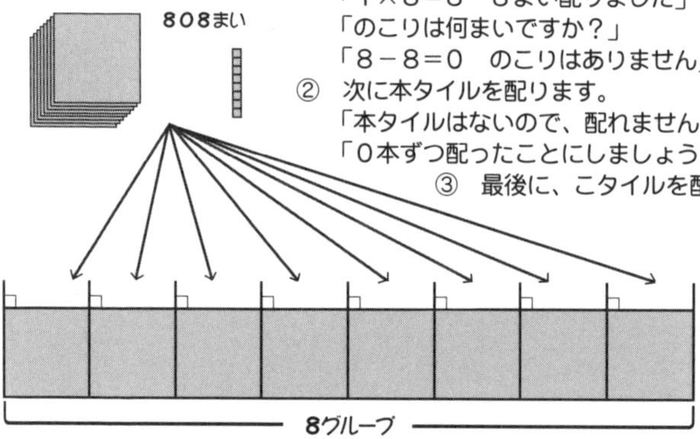

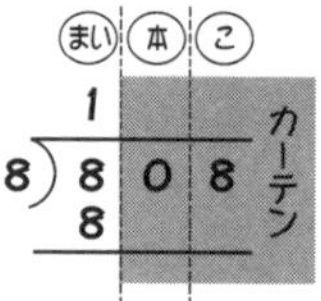

①　8÷8＝1
1を<たてる>
②　1×8＝8　<かける>
8まいくばった
③　8－8＝0　<ひく>
のこりを調べる

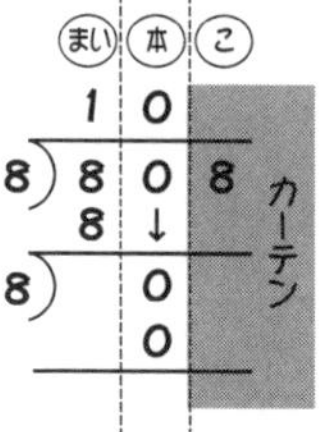

カーテンをあけて<おろす>
①　0÷8＝0
0を<たてる>
②　0×8＝0　<かける>
0本くばった
③　0－0＝0　<ひく>
のこりを調べる

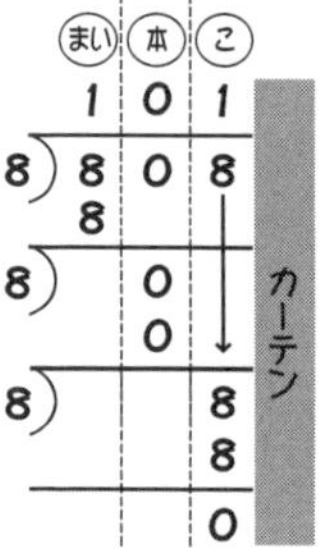

カーテンをあけて<おろす>
①　8÷8＝1
1を<たてる>
②　1×8＝8　<かける>
8こくばった
③　8－8＝0　<ひく>
のこりを調べる

7 74÷23の筆算で十の位に商を書いてしまう子

整数のわり算

つまずき

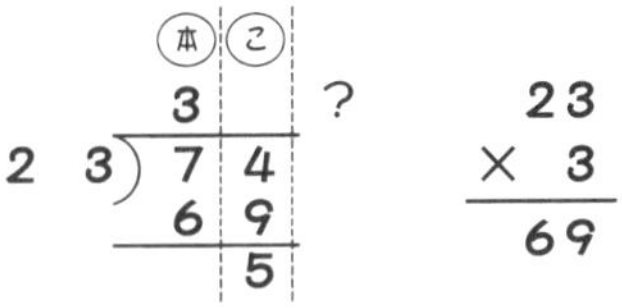

このような誤りは、あわてん坊さんの「ケアレスミス」ではありません。わり算の筆算は2段階あります。

①商の位置を決める

②仮商をたてる

となり、この例は①の商の位置の問題です。かけ算九九がすらすら出て、作業が雑になる子にありがちな誤りです。筆算のアルゴリズムはわかっている子たちですから、この段階では大きな問題となりませんが、多位数÷２位数の計算では問題が出てきますので、計算の意味を理解させなければなりません。

つまずき解消法

加減乗除、どの筆算においても、「つまずき」の解消には、タイル操作にたち返ることです。

手でタイルを動かし、目で図としてとらえ、口でことばとして表現させることによって理解を深めます。

①商の位置

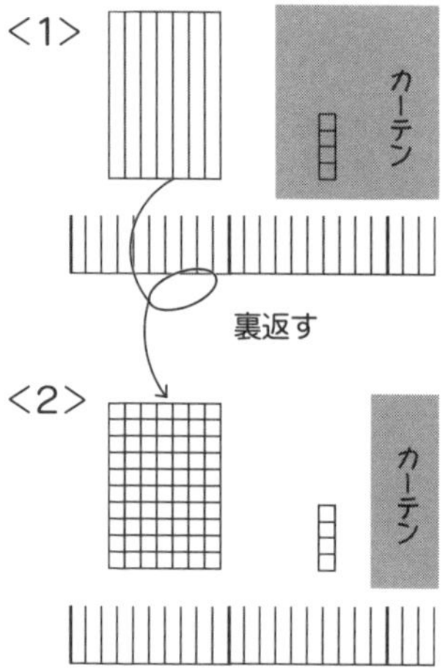

「7本は3こに分けられますか？」
「分けられません」
「×をつけておきましょう」

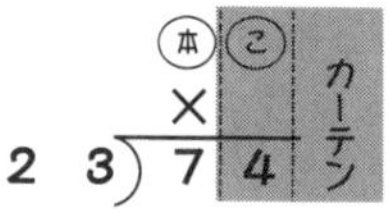

カーテンをあけて
「74こは23こに分けられますか？」
「分けられます」
「○をつけておきましょう」

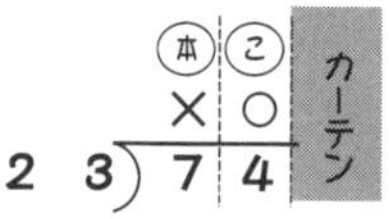

「商の位置は何の位になりますか？」
「一の位です」

②仮商をたてる

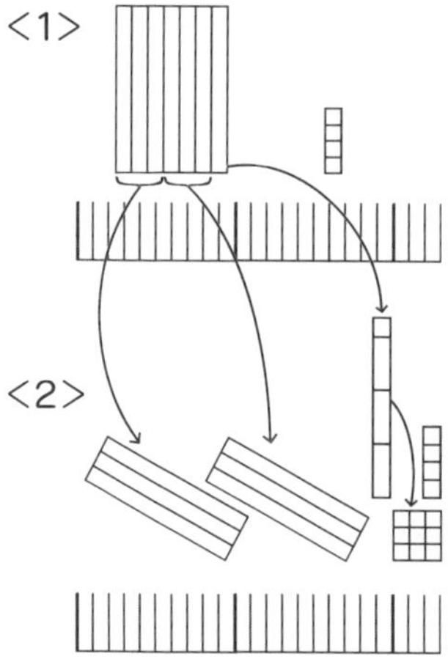

両手かくし

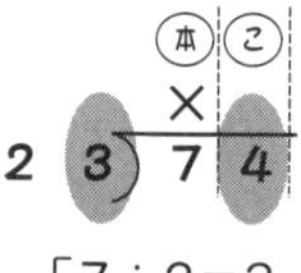

「7÷2＝3　あまり1
3がたちそうだ」

23
× 3
69 →OK

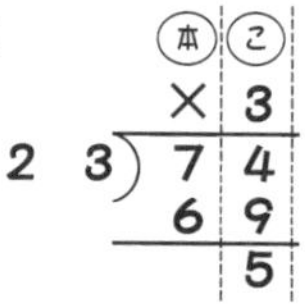

8「二百三十万」を「200300000」と書いてしまう子

整数のわり算

つまずき

「二十三」を「203」と書いてしまう子はほとんどいませんが、「二百三十万」を「200300000」と書いてしまう子はいます。

その子に「200300000をいくつと読みますか」と問えば、「二億三十万」と答えることができます。

大きな数の学習では、具体物・数字・数詞の三者関係をつかむことがねらいです。

数詞を数字に書き換えることができるだけでは不十分です。「二百三十万円の車」など量感をもって大きな数を具体物で想像できなくてはなりません。

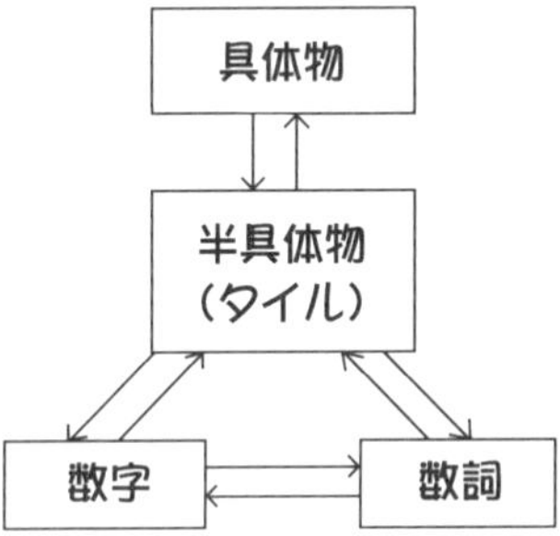

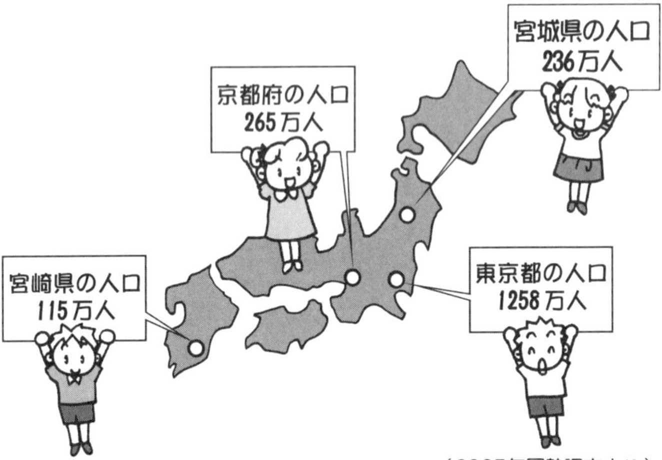

（2005年国勢調査より）

つまずき解消法

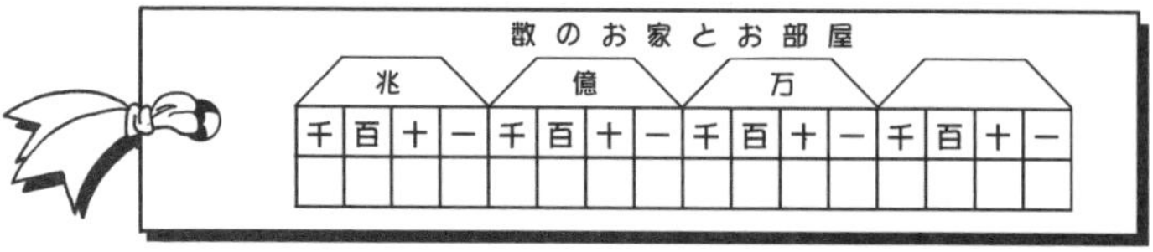

数字と数詞との関係は、上図のしおりを子どもたちがつくることで理解が進みます。しかし、しおりでは量感も持たせることはできないので、「1億タイルづくり」などで量感を育てます。

1億タイルのつくり方

１タイルを１辺が１mmの正方形と考えます。方眼紙を使います。具体物としてはノミ１匹分です。

百万タイルは１m×１mの正方形になります。百万タイルからは、大きいサイズのチラシを貼り合わせてつくります。１m四方の正方形をつくるのは難しいです。

千万は１m×10mの長方形。百万タイルをガムテープで貼り合わせてつくります。

一億は10m×10mの正方形。千万タイルを体育館などでガムテープで貼り合わせます。

できあがったら校庭に持って行き、子どもたちには屋上からそれぞれのタイルを見させます。

３タイル分ぐらいを校庭に置き、

「ノミ何匹いるかわかる？」

「わからない！」

次々に十タイル、百タイル、千タイルと校庭に並べ、屋上から、「ノミが何匹いる？」と尋ねながら、広さで数の大きさを確かめさせます。

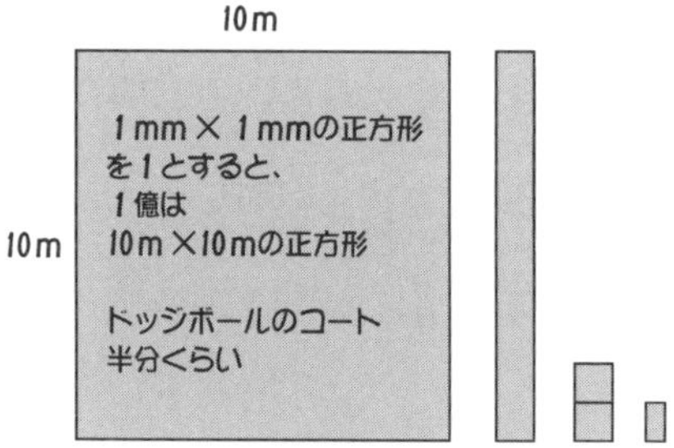

9 18−6÷3×5＝12÷3＝4×5＝20 としてしまう子

計算のきまり

つまずき

計算の順序を学習する問題です。計算の順序の原則は、

●「左から右へ、順に計算する」

です。この原則を修正するものとして、

●乗除を加減より優先し計算する

●（　）の中を優先して計算する

の２点があります。

計算の決まりは、現実の場面や実験を通して、子どもたち自身の手で導き出さなければ、なかなか理解されません。子どもたちは式をひとつにする必然性を感じていないからです。

また、計算の途中をすべてイコール（＝）でつないだ「数字式」にする子がいます。

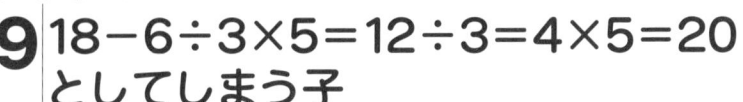

つまずき解消法

計算の決まりを導き出すためには、電池などを使って実験しながら学習を進めることです。

たとえば下の絵では、

単1電池の重さは何gですか？

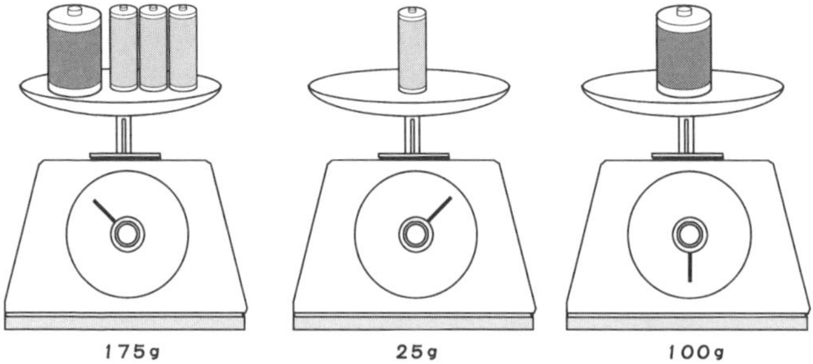

25g／こ×３こ=75g
175g－75g=100g

実験で答えが
確かめられます。

175g－25g／こ×３こ
=175g－75g=100g

「単1電池１個と単３電池３個が袋に入っています。単３電池の１個の重さは25ｇです。単１電池１個の重さは何ｇですか」の問題となります。

このような問題は手軽に準備でき、実験にも時間がかかりません。そして、何より子どもたち自身で答えを確かめられます。

また、式には単位や助数詞をつけることです。式に単位を付ければ、175ｇから25ｇ／こは異種の量になりますからひき算ができないことがわかります。

さらに、この単元では上皿てんびんなどを模型として、等号の意味を再確認する必要があります。

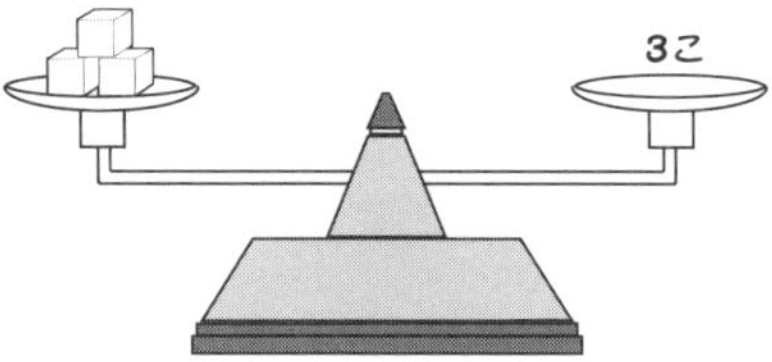

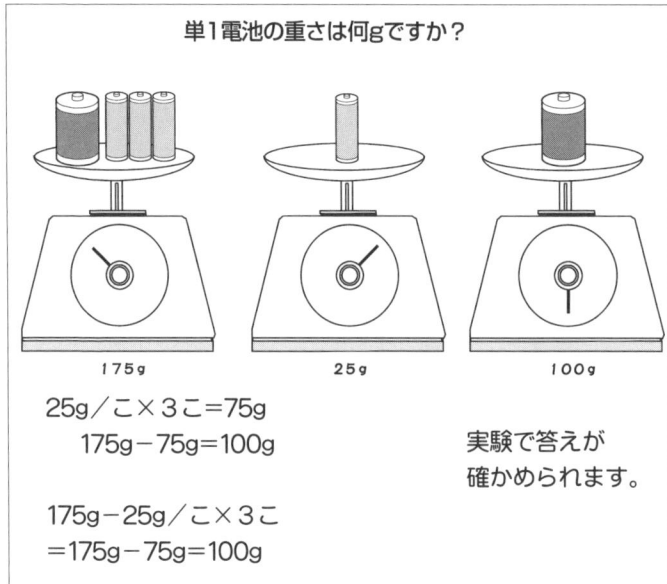

10 くり上がりのあるたし算が苦手な子

たし算

つまずき

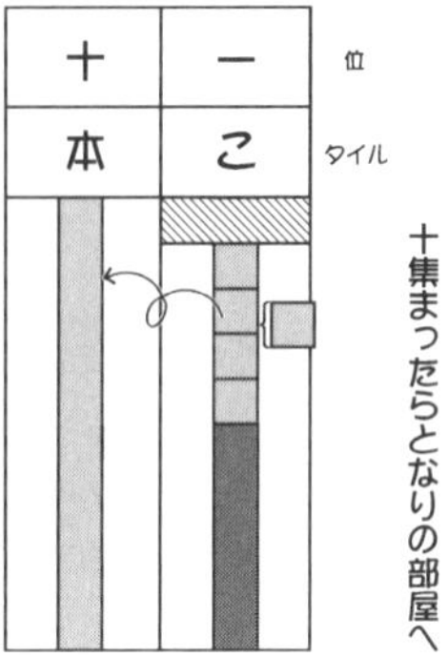

くり上がりのあるたし算は和が２位数になるので、数の十進構造が理解できていなければなりません。十、集まったらとなりの部屋に「引っ越し」しなければならない原則です。

くり上がりのあるたし算は、十進位取り記数法の学習でもあります。

ここでのつまずきは２通りあります。

①横書きの式では位がはっきりしません。

筆算形式で計算した方が位取りも明確になります。

②10の補数での計算です。

数に強い子は10の補数を簡単に操作できますが、10の補数は9通りもあります。あといくつあれば10になるのかを考えなければならない子にとっては、負担が大きいのです。

「６＋７」の例題で考えてみます。

ある子は６に４をたせば10になるから、７を４と３に分けて、

６＋７＝６＋４＋３＝13

とします。

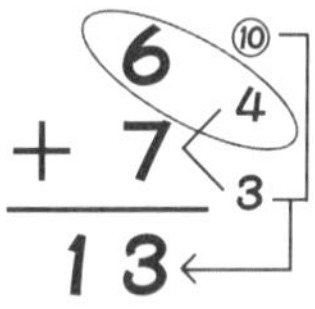

また、ある子は７に３をたせば10になるから、６を３と３に分けて、

６＋７＝3+3+７＝10

とします。

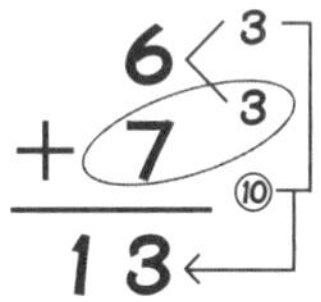

つまずき解消法

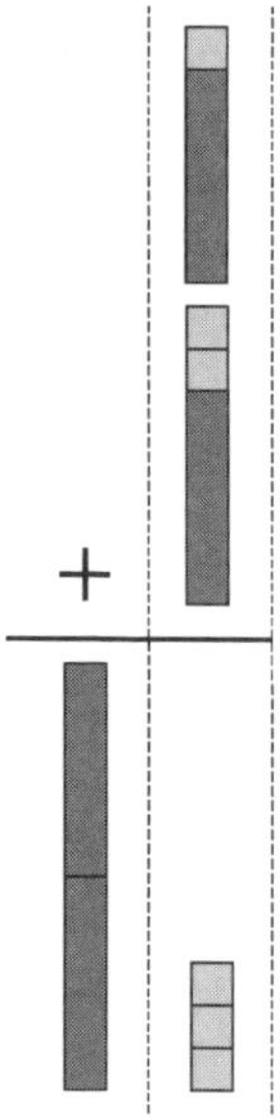

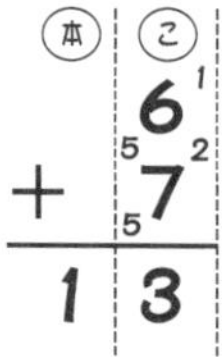

①筆算で計算

くり上がりのあるたし算は２位数になるのですから、数の十進構造をはっきりさせるためにも計算は筆算形式にします。

②補助数字の書き方

５タイルを中心にタイル操作すれば、「５と５で十」は誰もが理解します。そのタイル操作と筆算を照応すれば、「６は５と１」、「７は５と２」となります。そこで、補助数字を図のように斜めに書くことを学級で話し合えば、　６＋７

＝５＋１＋５＋２

＝５＋５＋１＋２

＝10＋３

＝13

は容易に導き出せます。

③タイル操作から筆算

タイルを操作してから和（答え）を求め、それから筆算すれば、子どもたちは余裕をもって学習にのぞめます。

④５を中心に練習問題を組み立てる

くり上がりのある計算は45題ですが、和が10になる問題を除けば36題しかありません。５を中心にすれば練習問題の順番は下図のようになります。

○数字は練習問題の順番です。

1+9								
2+9	2+8							
3+9⑥	3+8	3+7						
4+9	4+8	4+7	4+6	⑧				
5+9	5+8③	5+7	5+6	5+5				
6+9	6+8	6+7①	6+6	6+5	6+4			
7+9	7+8	7+7	7+6	7+5	7+4	7+3		
8+9⑤	8+8	④8+7	8+6	②8+5	8+4⑦	8+3	8+2	
9+9	9+8	9+7	9+6	9+5	9+4	9+3	9+2	9+1

11 くり下がりのあるひき算が苦手な子

つまずき

くり下がりのあるひき算は１年生にとって難しい課題です。この難しさは、同じ位からひけないことと10からひく計算です。

① 減加法

＜13－7の場合＞

⑩－7＝③

13

－　7

③＋3＝6

6

10から７をひき、残った３と、一の位の３とをたして６とする。

この方法は10の補数を利用しての計算ですが、10から７をひいたところで、３を加えることを忘れてしまう子がでます。また、ひき算であるのにたし算をしなければならないので加減を混同してしまう子がいます。

② 減減法

＜13－7の場合＞

⑩－4＝6

13

－　7 ＜ 3, 4

3－3＝0

6

一の位が３だから、７を３と４に分けて、まず一の位から３をひいて、不足の４を10からひいて６とする。

この方法はひいて、またひきますからひき算の特徴を表しています。しかし、ひく数をときどきに応じて分解しなければならない困難さがあります。

③ 5－2進法

＜13－7の場合＞

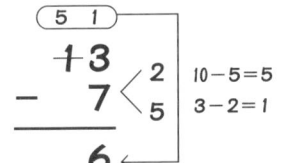

5　1

13

－　7 ＜ 2, 5

10－5＝5

3－2＝1

6

７を５と２に分解して、10から５、３から２を同時にひいて、残りを６とする。

この方法は単純な分解で計算できますが、計算の型によってひく方法が変わります。

つまずき解消法

くり下がりのあるひき算には３つの方法が考えられますが、指導するときはひとつの方法を選択しなければなりません。指導方法によって、計算練習の順番も変わってきます（減加法で指導するのであれば、−９型からの導入でしょう）。どの方法を選ぶにしろ、指導する側が３つの方法を渡り歩いては子どもは混乱するだけです。

以下、５−２進法によるひき算を紹介します。基本はタイル操作と筆算の照応です。

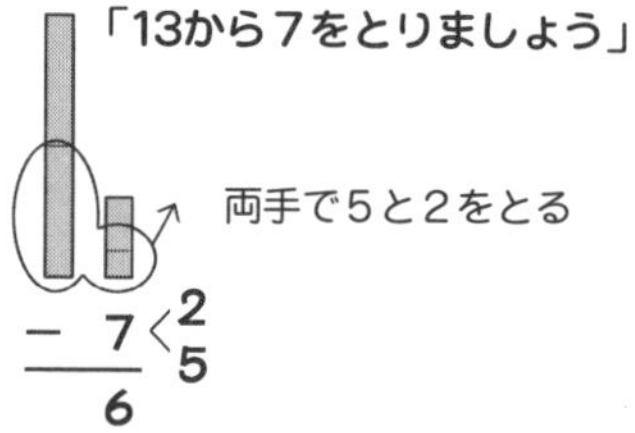

13−７型の問題では、ほとんどの子が両手を使って、10タイルから５と、1タイルから２を同時に取り、残りの６を求めます。

12−９型の問題では、子どもたちは、さまざまなやり方でタイルを取ります。その取り方を筆算の補助数字に置き換えて、友だちの発想のすばらしさを学級で共有します。

「12から９をとりましょう」

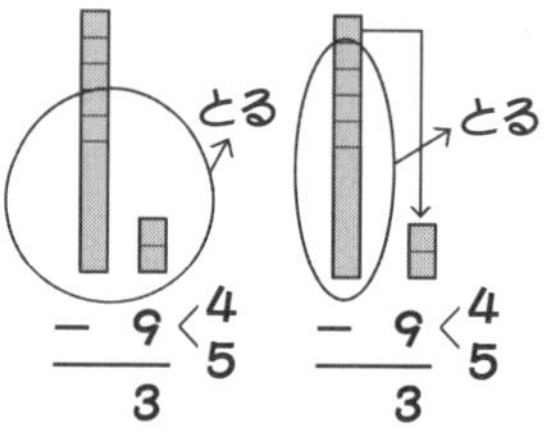

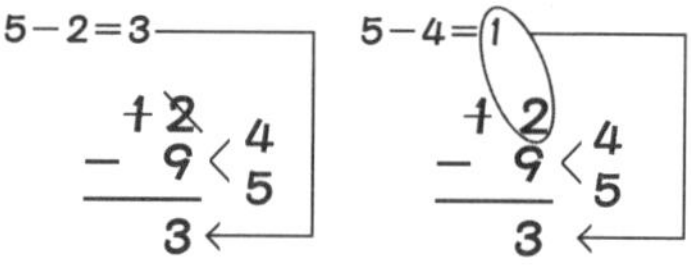

○数字は練習問題の順番です。

10−1								
10−2	11−2⑦							
10−3	11−3	12−3						
10−4	11−4	12−4	13−4					
10−5	11−5③	12−5	13−5	14−5				
10−6	11−6	12−6	13−6①	14−6	15−6			
10−7	11−7	12−7②	13−7	14−7	15−7	16−7		
10−8	11−8⑥	12−8	13−8	14−8	15−8④	16−8⑤	17−8	
10−9⑧	11−9	12−9	13−9	14−9	15−9	16−9	17−9	18−9

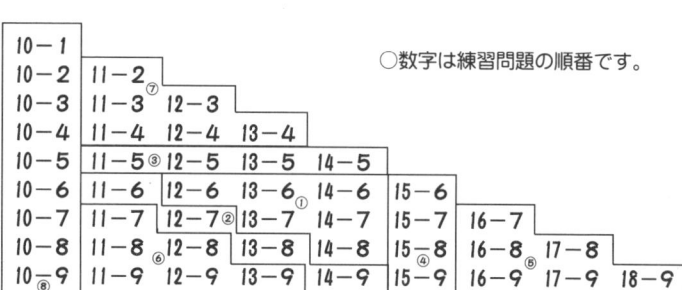

12 わり算の文章問題が苦手な子

整数のわり算

つまずき

わり算には、１あたり量を求める問題といくつ分（土台量）を求める問題があります。この２つの意味を持つわり算を連続で、あるいは並列的に指導したのでは子どもたちは混乱してしまいます。

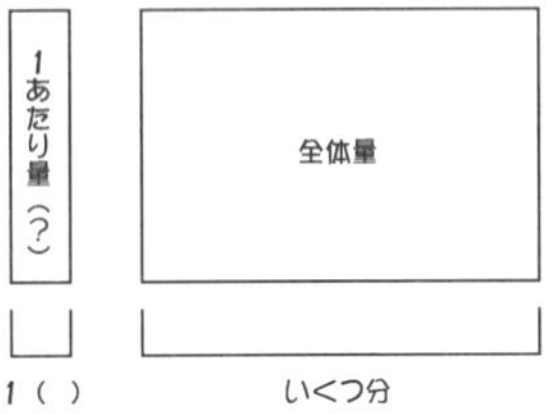

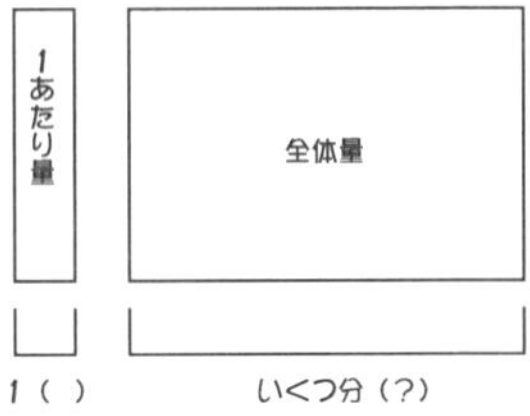

12このアメを５人で等しく分けます。
１人分は何こになりますか。
　12÷５＝２あまり２
　答え　２こ　２こあまる

12このアメを１人に５こずつ分けます。
何人に分けられますか。
　12÷５＝２あまり２
　答え　２こ　２こあまる？？

「問題をしっかり読みなさい！
聞かれているのは何なの！」
では、解決できない。
「意味がわかってないんだ！」

つまずき解消法

文章問題を解くには、具体物や半具体物（タイル）を使っての操作活動を重視し、＜問題メモ＞＜かけわり図＞＜算数式＞＜筆算＞＜答え＞の手順で進めます。そして、わり算は1あたり量を求める演算であることをしっかりと理解させます。

また、導入では未測量のジュースなどを学級の児童数分で等しく分け、「なかよしわり算」や「ニコニコわり算」などとニックネームをつけておきます。

計算も難しいので、早めに筆算を導入して、多位数÷１位数の計算ができるようになるまで、１あたり量を求める問題だけの例題で練習します。

「いくつ分を求めるわり算」は、時間を空けた後に、この問題もわり算の演算で解決できるのだと子どもたち自身に気づかせるようにします。

この導入の場面では具体物を順番に配り、待たせる時間をつくります。そして、自分の分もあるかどうか不安をつのらせることで、「ドキドキわり算」などのニックネームをつけます。

ニコニコわり算

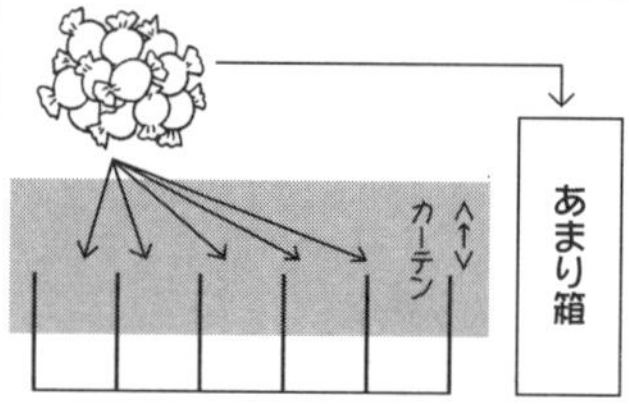

〈問題メモ〉

1人あたり	?こ
いくつ分	5人
全部で	12こ

〈かけわり図〉

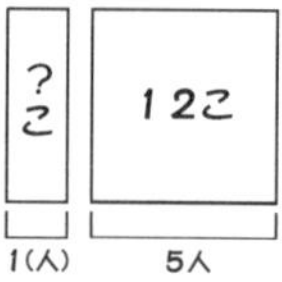

〈算数式〉

12こ÷5人=?こ/人

〈筆算〉

```
     2
5 ) 12
    10
     2
```

〈答え〉

2こ　あまり2こ

ドキドキわり算

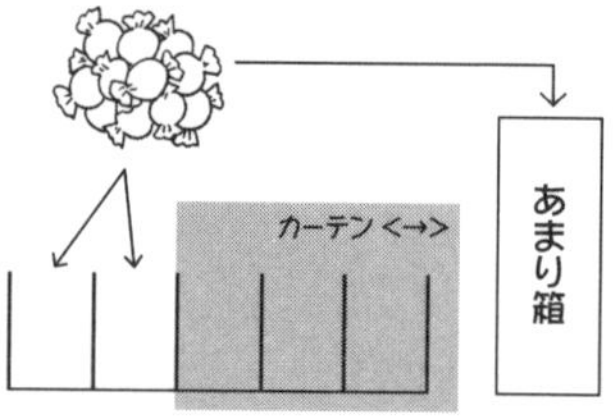

〈問題メモ〉

1人あたり	5こ
いくつ分	?人
全部で	12こ

〈かけわり図〉

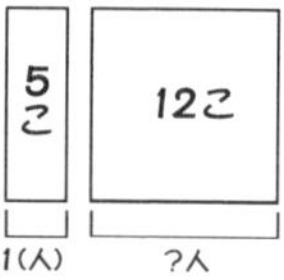

〈算数式〉

12こ□5こ/人=?人

?

「なに算になるの？」

〈答え〉

2人　あまり2こ

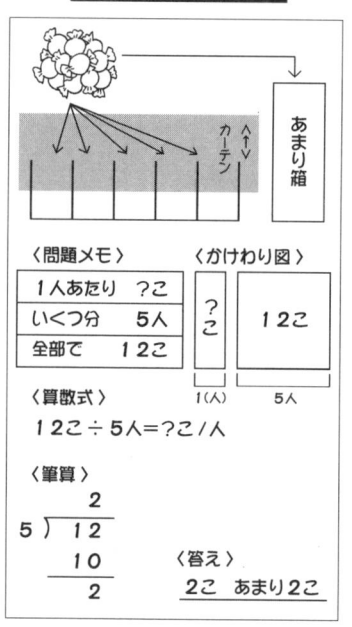

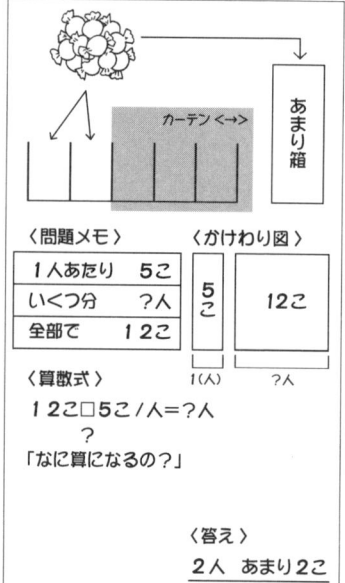

小数のつまずき

13「2m÷0.5＝4mは変だ。わり算したのだから2より大きくなるはずがない」と思っている子

小数のわり算

こんな子はいませんか？

つまずき

÷5は5つに分けること。では、÷0.5はどういう意味なのでしょう。大学生でも、小数でわる場面を思い浮かべることは容易なことではありません。そもそも「わり算は分けること」と思っている子がほとんどです。よく理解できている子でも、「わり算は、等しく分けて、ひとつ分を求める計算」のように答えます。確かに整数のわり算ではそうなのですが、小数では、「0.5に等しく分ける」ことは考えにくいことです。表題のように「２mを分けたら４mになる」ことはあり得ないと思ってしまうのも当然です。

つまずき解消法

「等しく分けて1あたり分を求める演算がわり算」というのが、わかりやすいわり算の意味です。初めてわり算を学習する3年生はこのように習うことでしょう。このようなわり算を「等分除」といいます。離散量（○人、○皿、○箱など）でわる場合はこれで問題ないのですが、連続量（○m、○g、○ℓなど）でわる場合は、「等しく分ける」よりも、「1あたり量を求める」ことの方が大事になります。

1枚の紙には、重さ、広さ、長さなど、いろいろな側面があります。ここに1本の糸があるとします。この糸には2mという長さがあります。また、0.5gという重さもあります。この糸の重さが単位量（1g）だったとしたら、長さはどのくらいになるでしょう。「重さ1gにあたる長さを求める」のがわり算なのです。「長さ2mの重さが0.5gの糸は、もし1gだったら何mになるのか」という問いの答えを導く式が「2m÷0.5＝4m」（正しくは2m÷0.5g＝4m／g）ということです。

わり算には等分除の他にもうひとつ、「包含除」があります。表題の式は「2mの糸を0.5mずつ切っていくと何本になるでしょう」という問題を解く式になります。

2m÷0.5m＝4本（正しくは2m÷0.5m／本＝4本）
この場合、答えの本数とわられる数の長さは異なる量なので、「小さくなる」などの大きさの比較は、意味をなさなくなります。このように、具体的な「もの」を頭に描いたり、絵や図を描いて、何を求めようとしている計算なのかを考えることによって、つまずきが解消されます。

14「3.4−2=3.2」「4.5−1.37=3.27」のような間違いをしてしまう子

小数のひき算

つまずき

筆算を右のようにやってしまう子がいます。最初の例は、「たし算ひき算はたてに位をそろえる」ことを忘れてしまい、それまでに学習した整数のたし算、ひき算、かけ算と同じように、ひかれる数、ひく数を右に寄せて書いたために起きた間違いです。後の例は、空位から7がひけないので、7をそのまま答えのところに書いてしまったのでしょう。どちらもたいへん多く見られるつまずきです。

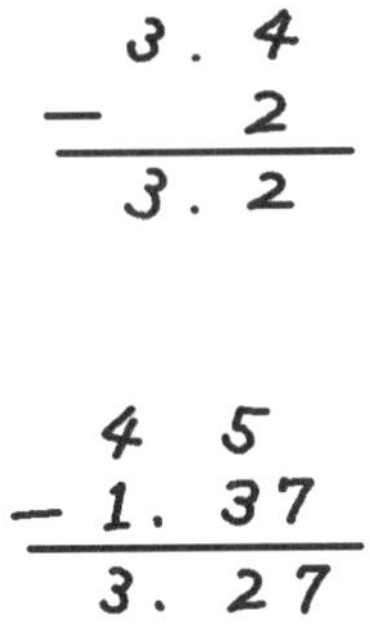

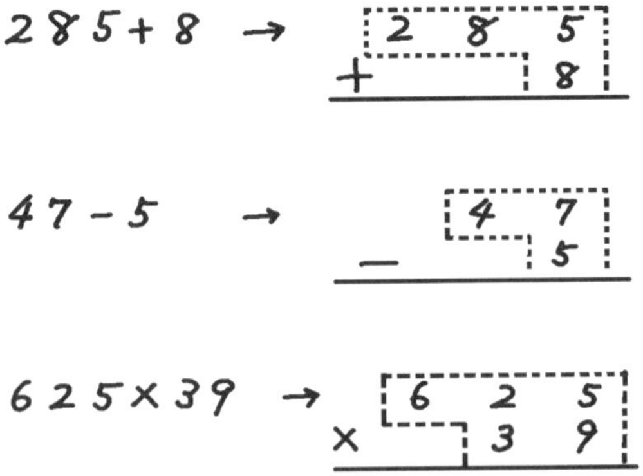

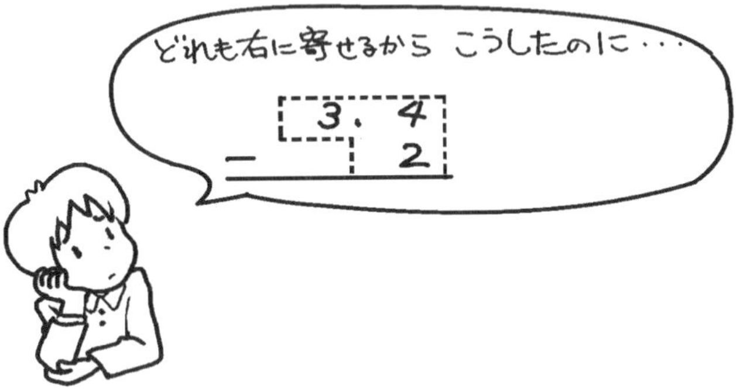

つまずき解消法

小数をタイル（半具体物）で表し、それを操作することで最初の例のようなつまずきはなくなります。

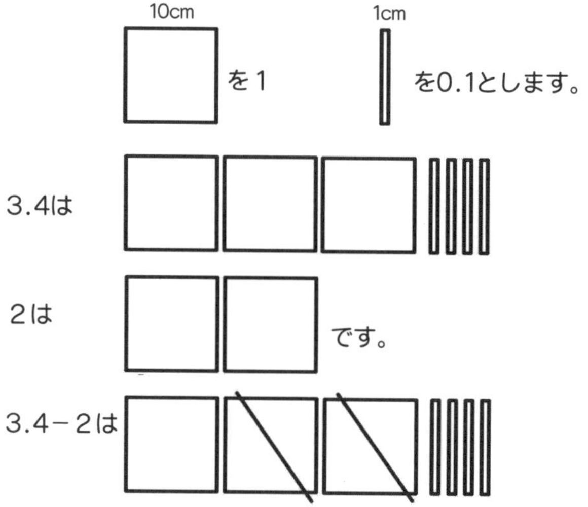

となり、答えは1.4になります。

このような操作をくり返すことによって、3.4の４から２をひくことが意味のないことだと気づきます。

次に、後者のつまずきですが、整数のひき算でもよくあるつまずきのひとつです。

$$\begin{array}{r} 20 \\ -\ \ 7 \\ \hline 27 \end{array}$$

としてしまうのです。

「０から７はひけない。だから７から０をひく」というルールをつくってしまうのですが、これもタイル操作で克服できます。

20－７は

十の位の１本を一の位に移動しないと７をひくことはできません。１本を10こに両替する操作で、くり下がりの必要性を理解するのです。

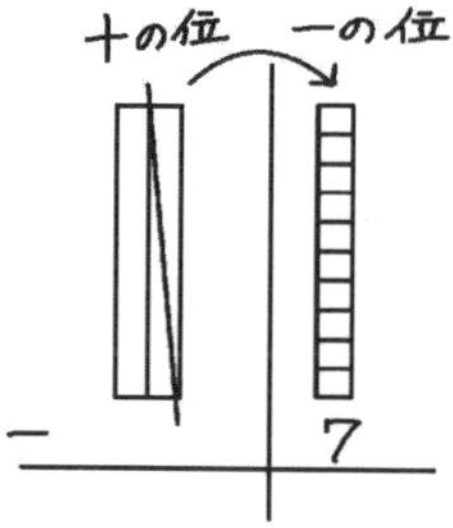

小数の場合は、

$$\begin{array}{r} 2.30 \\ -\ 1.27 \\ \hline \end{array}$$

のように、空位に０を書かせましょう。「まぼろしのゼロ」を書くことで、「整数のひき算と同じだ」と安心する子もいます。

15 小数のわり算で、あまりの小数点の位置がわからない子

小数のわり算

つまずき

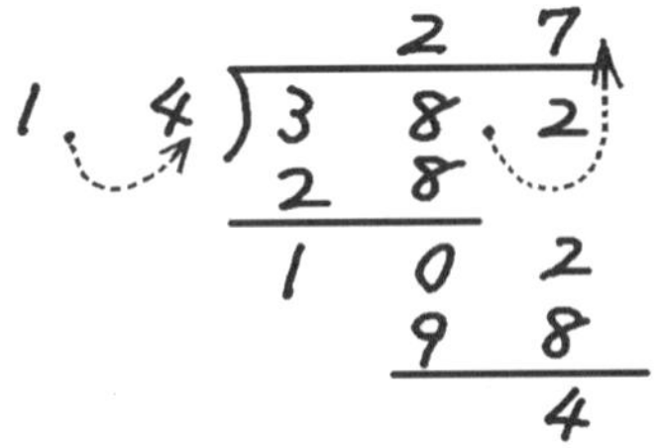

左のように筆算をし、商「27あまり4」としてしまう子は少なくありません。わる数の小数点を移動し、それに合わせて商の位を決めています。たてに位をそろえる習慣が身についている子どもたちは、あまりの数を0.4ではなく4にしてしまうのです。

なかには、あまりの位など意識せず、一番下に出てきた数字をそのままあまりとしてしまう子どもたちもいます。

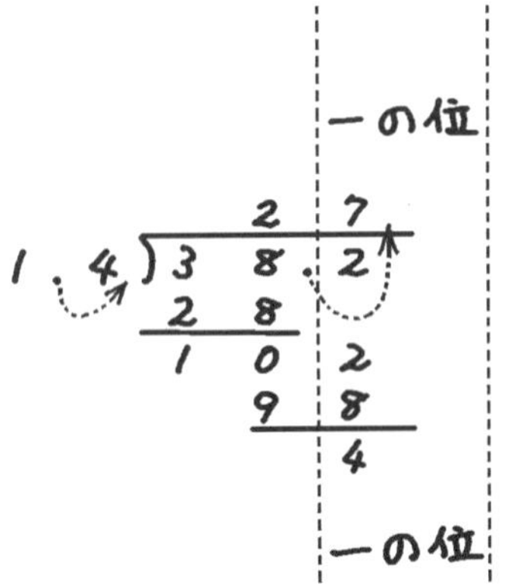

つまずき解消法

　わられる数の小数点の移動に合わせて、商の小数点の位置を決めるからこのようにつまずいてしまう子が出てくるのです。「あまりは元の小数点を下におろすのですよ」と、どんなに大きな声でいっても、そのような機械的なことは子どもたちにはなかなか身につきません。この筆算の仕方は、

　「わり算では、わる数とわられる数に同じ数をかけても、商は変わらない」

という性質を使い、

　38.2÷1.4＝382÷14

と計算しています。ところが、

　７÷２＝３あまり１ですが、

　70÷20＝３あまり10なのです。

　商は変わらなくても、あまりは変わるのです。このことをしっかり指導しておく必要があります。

　筆算方法を根本から変える、次のような指導をすると、このようなつまずきはほとんどなくなります。

　「わる数を10倍すると、商は$\frac{1}{10}$になる」

　「だから、商を10倍すれば正解になる」

ことを使います。

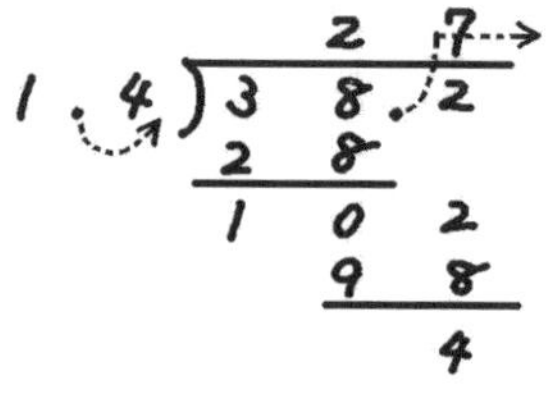

　右のように、わる数の小数点に合わせて、商の小数点を先に10倍しておきます。この方法では、わられる数の小数点を移動しません。つまり、わられる数の位とあまりの数の位が一致しているので、子どもたちのつまずきはほぼ完全に解消されるのです。ただし、両方のやり方を教えたために、かえって混乱してしまう子もいるので気をつけましょう。

> ７÷２＝３あまり１
> 10÷３＝３あまり１　だから
> ７÷２＝10÷３　これはおかしいですね。
> あまりを等号で結ぶのが間違いで、
> 「７÷２→３あまり１」とすべきでしょう。

16 2mのテープを4等分した長さを $\frac{1}{4}$ mと思っている子

分数

つまずき

こんな子はいませんか？

６年生の子どもたち一人ひとりに、いろいろな長さの紙テープを渡して、「$\frac{1}{4}$ mの長さにしましょう」と指示します。すると、多くの子が自分の紙テープを４等分してしまいます。その結果、いろいろな長さの「$\frac{1}{4}$ m」が子どもたちの目の前に並んでしまうのです。おそらく、小学生ばかりでなく、中学生や高校生、大学生の中にもこのような間違いをしてしまう人がいることと思います。

つまずき解消法

分数についている単位に着目させます。「$\frac{1}{4}$m」には「m」がついています。これは、「１m」をもとにしているということです。１mの$\frac{1}{4}$は25cmです。$\frac{1}{4}$mのテープをつくるには、２mのテープを８等分しなければならないのです。２mのテープを４等分した長さが「$\frac{1}{4}$m」でないとしたら、では、何mと答えればよいのでしょう。

実際に４等分したもの（50cm）を手にとって考えさせましょう。それが何mなのかは、１mと比べるとわかります。１mの半分になっていますから、正解は$\frac{1}{2}$mです。

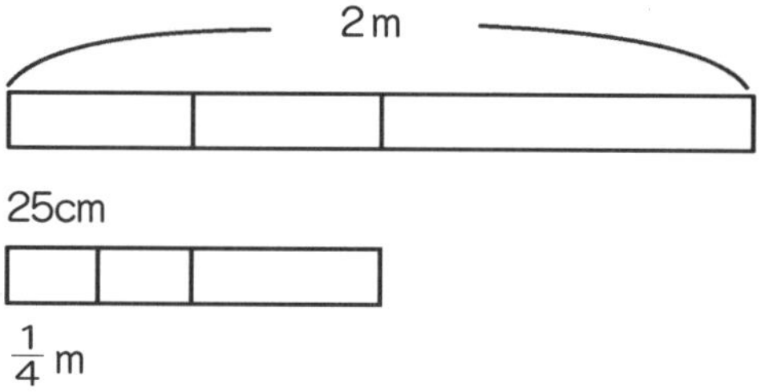

もらったテープから$\frac{1}{4}$mの長さをつくる場合も、同じように考えさせます。「$\frac{1}{4}$m」は「m」がついているから、「1mを4等分した長さ」をつくればよいことに気がつけばよいのです。「１本のテープの$\frac{1}{4}$」ではなく、大きさの決まっている量「$\frac{1}{4}$m」を求められているということが理解できれば、このつまずきはとりあえず解消されるでしょう。

しかし、根本的な解決には分数そのものの理解が必要です。

私たちの身のまわりのどんなところで、分数が使われているでしょう。おそらく、分数はどこにも見あたらないのではないでしょうか。一方、小数は、「体重63.5kg」「身長167.2cm」「100m走9.9秒」のようによく目につきます。それでもよくよく探してみると、料理で「大さじ$\frac{1}{3}$杯」、八百屋で「スイカ$\frac{1}{4}$切れ」などが思い浮かんできます。

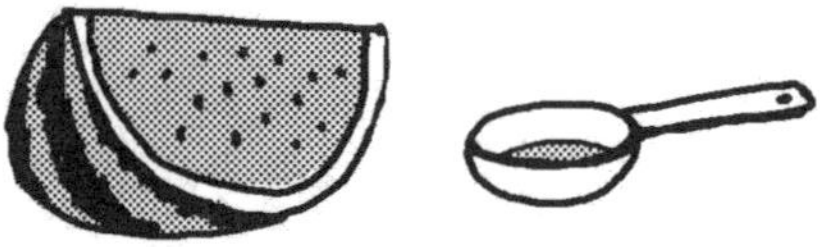

単位に注目してみると、

●小数には連続量の単位

●分数には離散量の助数詞

がついているようです。

どうやら次のように整理できそうです。

	連続量	離散量
	●世界共通の単位で測る。 ●基本となる１が世界共通。 ●はしたが出る。	●１こ２こと個数を数える。 ●基本となる１がものによって異なる（大きいスイカの$\frac{1}{4}$切れ、小玉スイカの$\frac{1}{3}$切れ）。 ●３人、５台のように、普通、はしたがない。
小数	＜よく見かける＞ ●位を次々に10等分して新しい位をつくり、それを用いて 数値化する。 A	＜あまり見かけない＞ ●平均など、統計の代表値として数値化する（3.5人など）。 C
分数	＜あまり見かけない＞ ●単位とはしたの共測量を用いて数値化する。 B	＜時々、見かける＞ ●分割した数を用いて数値化する。 D

　さて、ここで改めて表題の問題を考えてみましょう。
「２ｍのテープを４等分した長さを$\frac{1}{4}$ｍと思っている子」
　この子の頭の中では、
①「２ｍのテープ」を「２ｍ」の連続量と認識せず、離散量である「１本のテープ」と認識する。
②「４等分」で、表のDをイメージし、「$\frac{1}{4}$」が答えだと思う。
③「長さ」をたずねられているので、「$\frac{1}{4}$ｍ」と単位をつける。
　と考えてしまったのでしょう。
　このつまずきの解消法は、
　連続量を分数で数値化する
　という問題であることをわからせればよいのです。つまり、表のＢの問題であることを理解させる必要があります。手順としては、
①「2mの長さ」を４等分した長さを実際に取り出す。
②その長さ（50cm）を分数で表す方法を考える。
③単位である「１ｍ」と「その長さ（50cm）」の共測量を見つける。
④「その長さ」が２つ分で単位（１ｍ）になることがわかる。
⑤２つ分で単位（１ｍ）になる長さだから、$\frac{1}{2}$ｍと理解できる。
となります。
　多くの教科書は表のＤだけで分数の意味を指導するようになっています。そのため、連続量を表す分数を理解できない子どもたちが多いのです。折り紙やピザなどの分割で分数を指導するのではなく、１ℓや１ｍなどの普遍単位を用い、そのはしたを表す量としての分数を指導することが、根本的なつまずきの解消法だと考えます。

17 $\frac{1}{3}$より$\frac{1}{4}$の方が大きいと思っている子

分数

つまずき

子どもたちはこれまでに、「3」より「4」の方が大きく、小数でも「0.3」より「0.4」の方が大きいと学習してきています。それはむずかしいことではなく、きっと、「そんなのあたりまえ」と思っていることでしょう。ところが、分数では、3がある「$\frac{1}{3}$」より、4がある「$\frac{1}{4}$」の方が小さいのです。ここでつまずき、すっきりしないまま分数の学習がすすみ、分数嫌いや分数の苦手な子になってしまうケースも少なくありません。

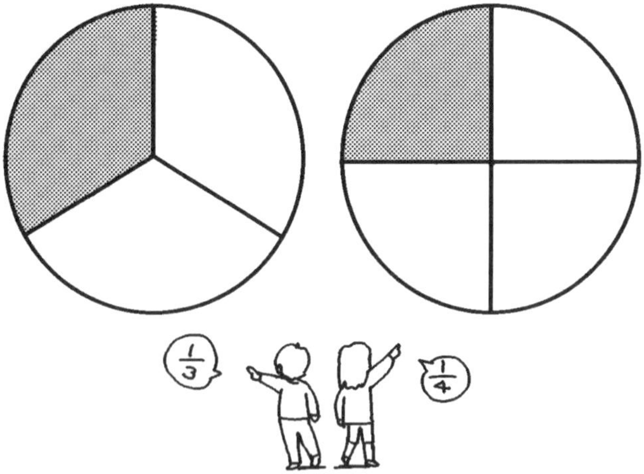

つまずき解消法

分母の意味が理解できれば、このつまずきは解消されます。しかし、「$\frac{1}{3}$は3つに分ける、$\frac{1}{4}$は４つに分ける。だから3つに分けた方が大きくなる」と、口で何度話しても、子どもたちはわかってくれません。

そこで以下のように説明してみましょう。

内のりの縦横高さがそれぞれ10cmのアクリル製の水槽を用意します。いっぱい水を入れると１ℓです。この水槽の正面から見える部分を取り出したものとして、子どもたちに縦横10cmの次のようなカードを渡します。

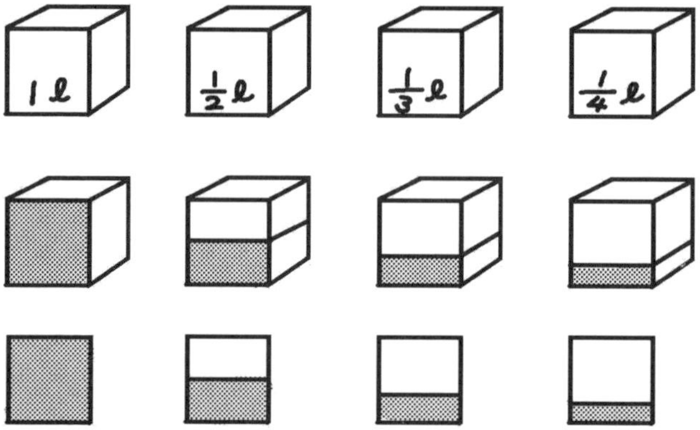

カードは「１ℓ」「$\frac{1}{2}$ℓ」……「$\frac{1}{10}$ℓ」の10枚つくります。裏面には分数表示をしておきます。

最初はカードをよく切って、裏面を見ずに自分で10枚のうちの２枚を取って並べ、「$\frac{1}{3}$より$\frac{1}{4}$の方が大きい」というようにいわせます。次に裏面の分数だけを見て同様のことをいわせます。

さらに、つまずいている子と先生で勝負をします。２人とも10枚ずつカードを持っています。「いっせいのせ！」で１枚ずつ出し合い、大きいカードを出した方が２枚もらえるというルールでカードを取り合います。一度出したカードは使えないので、10回勝負になります。

このようなゲームを楽しみながら、「分母が大きいほど分数は小さくなる」ことを身につけさせます。

18 $1-\frac{4}{7}=\frac{6}{7}$と答えてしまう子

分数のひき算

つまずき

整数も小数も十進位取り記数法にもとづいてできています。くり下がりのあるひき算では「10」がくり下がっていました。ですから分数でも、つい

「−4」は「10−4」

と思ってしまい、表題のように$\frac{6}{7}$と答えてしまうのです。

$1-\frac{4}{7}$
1から4はひけない。
くり下げないと・・・
10くり下げてそこから
4をひいて6、だから
答えは $\frac{6}{7}$
ん〜

つまずき解消法

1を分数に変身させ、

$$1-\frac{4}{7}=\frac{7}{7}-\frac{4}{7}$$

とすることができればこのつまずきは解消します。

$$1=\frac{7}{7}$$

であることを子どもたちにわからせるには次のような活動をさせます。

まず、$\frac{1}{7}$ℓの水が入る入れ物を用意します。しかし、なかなか$\frac{1}{7}$ℓがぴったり入る入れ物はありません。アクリルでつくるとよいのですが手間がかかります。そこで、紙コップを切ってぴったり$\frac{1}{7}$ℓの水が入るようにします。

内のりの縦横高さが10cmの1ℓ水槽を用意します。この水槽に$\frac{1}{7}$ℓずつ水を入れていきます。つまずき気味の子にやらせましょう。

1ぱい－「$\frac{1}{7}$ℓ」

2はい－「$\frac{2}{7}$ℓ」

のように、1ぱい入れるごとに、たまった水の量をいわせます。

6ぱい－「$\frac{6}{7}$ℓ」

7はい－「$\frac{7}{7}$ℓ」

7はいで1ℓマスがいっぱいになることがわかり、

$\frac{7}{7}$ℓ＝1ℓ

が理解できます。

$\frac{1}{6}$ℓや$\frac{1}{8}$ℓの入れ物も用意し、同様のことをくり返します。

こうして、

$$1=\frac{2}{2}=\frac{3}{3}=\frac{4}{4}=\frac{5}{5}=\frac{6}{6}=\frac{7}{7}=\frac{8}{8}$$

であることを子どもたちが納得します。

19 $\frac{1}{2}+\frac{2}{3}=\frac{3}{5}$と思っている子

分数のたし算

つまずき

分数のかけ算では、分母同士、分子同士をかけ算します。そのため、このつまずきは、分数のかけ算を学習した後にあらわれることがよくあります。

$\frac{1}{2}+\frac{2}{3}$を図に表してみます。

○●＋○●●＝○○●●●

この図を見ると、$\frac{1}{2}+\frac{2}{3}=\frac{3}{5}$になるような気がしてきませんか。

こんな図を子どもたちに見せると、ますます混乱してしまうでしょう。

$\frac{1}{2}+\frac{2}{3}=\frac{3}{5}$
どうして違うの？

つまずき解消法

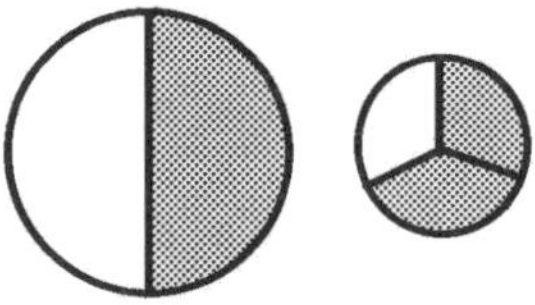

大きなスイカ$\frac{1}{2}$切れと小玉スイカ$\frac{2}{3}$切れをたし算することはできません。

もとにするものの大きさが異なるからです。

たし算は、割合を表す分数ではなく、量を表す分数をイメージして計算します。

1ℓを表す正方形の図で考えてみましょう。

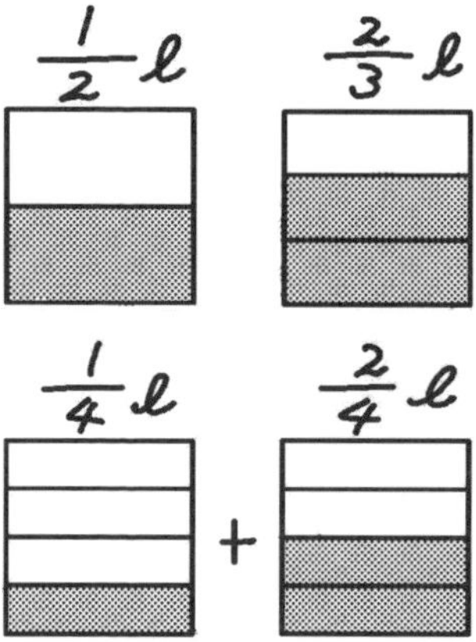

左の1個と右の1個では、大きさが違います。同じ大きさならば、下図のように、1＋2＝3となり、$\frac{3}{4}$ℓと求められます。

しかし、大きさが違うものはそうはいきません。このことが理解できれば分母同士や分子同士をたすようなことはなくなることでしょう。

$\frac{1}{2}$と$\frac{2}{3}$をたすには、この2つの量の共測量を見つければよいのです。

$\frac{1}{2}$ℓは、$\frac{1}{4}$ℓマスで測るとぴったり2杯になりますが、$\frac{2}{3}$ℓは$\frac{1}{4}$ℓマスでは、ぴったり測り切れません。$\frac{1}{5}$ℓマスでは両方とも測り切れません。$\frac{1}{6}$ℓますでは、$\frac{1}{2}$ℓは3杯ぴったり、$\frac{2}{3}$ℓは4杯ぴったりになります。3杯と4杯を合わせると7杯になります。何が7杯かというと、$\frac{1}{6}$ℓが7杯、だから答えは$\frac{7}{6}$ℓになることがわかります。

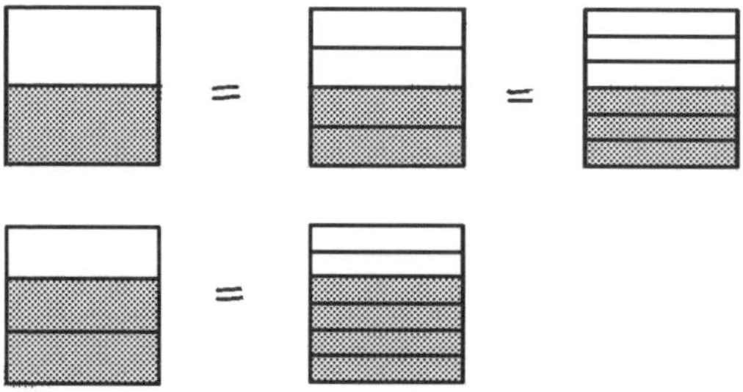

20 分数のわり算はどうしてわる数の分子・分母をひっくり返してかければいいのかわからない子

分数のわり算

つまずき

子どもたちばかりでなく、多くの大学生や大人も説明に苦労することでしょう。わけはわからないけど答えが出せるのだからそれでいいのかもしれません。それでも、わけを知りたいと思う子がいたら、大いにほめてあげたいものです。

式を次のように変形することで説明できます。

① $\frac{7}{3}\div\frac{5}{2}=\frac{14}{6}\div\frac{15}{6}$

$=14\div15$

$=(7\times2)\div(3\times5)$

$=\frac{7\times2}{3\times5}$

$=\frac{7}{3}\times\frac{2}{5}$

② $\frac{7}{3}\div\frac{5}{2}=\frac{7}{3}\times\left(\frac{5}{2}\times\frac{2}{5}\right)\div\frac{5}{2}$

$=\frac{7}{3}\times\left(\frac{2}{5}\times\frac{2}{5}\right)\div\frac{5}{2}$

$=\frac{7}{3}\times\frac{2}{5}\times\left(\frac{5}{2}\div\frac{5}{2}\right)$

$=\frac{7}{3}\times\frac{2}{5}$

しかし、これでは子どもたちは納得しません。

「$\frac{5}{2}\,\text{m}^2$の土地に$\frac{7}{3}$dℓの液体肥料を使います。1m^2あたり、どのくらいの液体肥料を使うことになりますか」という問題で考えてみましょう。式は、$\frac{7}{3}$dℓ÷$\frac{5}{2}\,\text{m}^2$となります。図に表してみます。

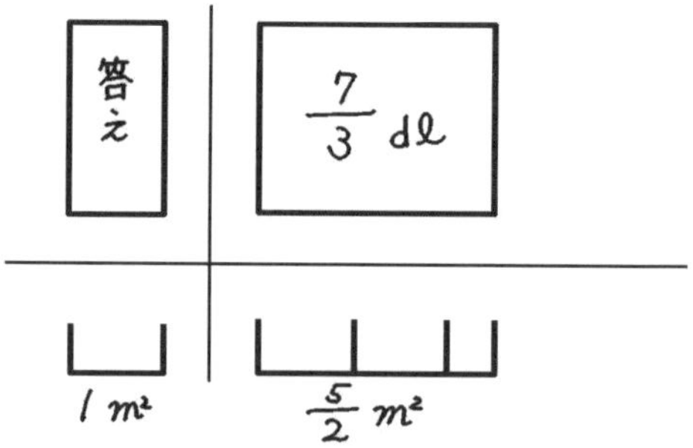

図をもう少しくわしく書いてみます。

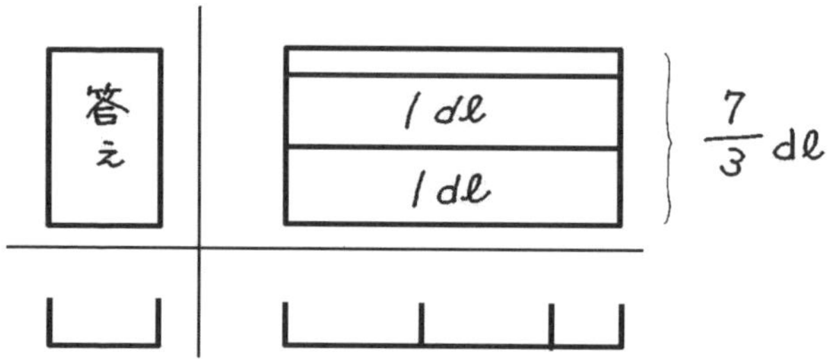

答えが、液体肥料のどの部分にあらわれているかをはっきりさせます。

次の図の太線で囲んだところが答えになります。

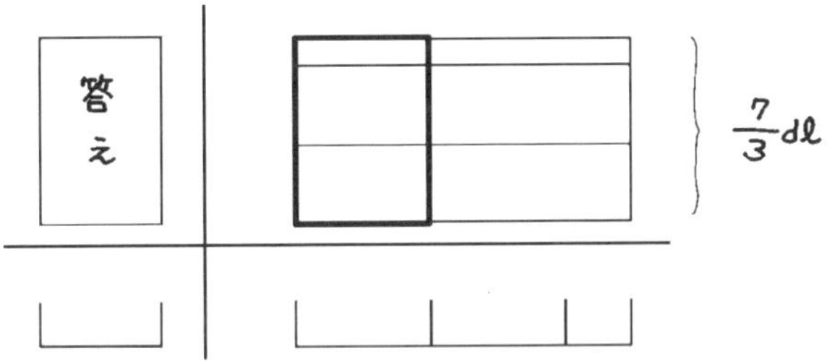

共測量（一番小さいマス）で区切ります。

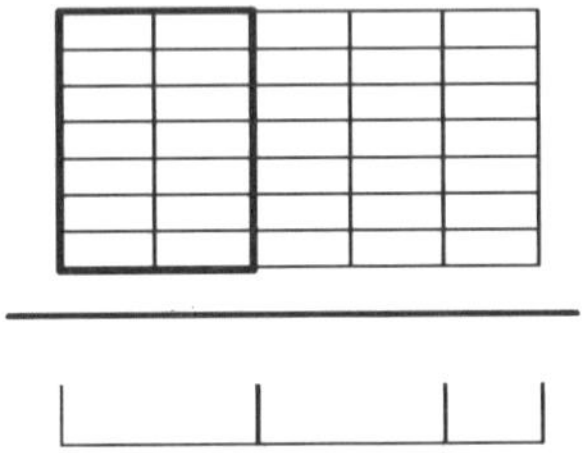

共測量は $\frac{1}{15}$dℓ（１dℓを横に３つ、たてに５つに分けた）。答えはこれが14個（たてに７個、横に２個）。

ここで、15（３と５の積）と14（２と７の積）の出所を図と式を見ながら考えてみます。

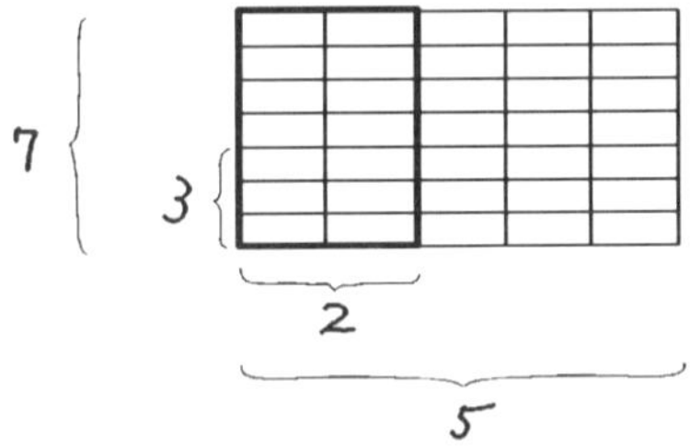

$\frac{1}{15}$dℓを（7×2）こ分集めたものが答えになることがわかります。

これで、

$$\frac{7}{3} \div \frac{5}{2} = \frac{1}{15} \times (7 \times 2)$$

$$= \frac{7 \times 2}{3 \times 5}$$

$$= \frac{7}{3} \times \frac{2}{5}$$

わる数の分子と分母をひっくり返してかければよいことになります。

21 小数や分数になると、かけ算かわり算かの演算決定ができない子

演算の決定

つまずき

【例題１】

「針金が18mあります。重さを測ったら９gありました。この針金１mの重さは何gですか」などの問題では、「18÷９＝２　答え　２g」としてしまう子が多くいます。問題に出てきた数の順番と数値の大小にとらわれての計算です。

また、この例題を「１gの長さは何mですか」と問いを変えれば「18÷９＝２　答え　２m」で正解になります。その意味では、何が問われているのかを曖昧にしているのです。

【例題２】

「金物屋さんに行ったら100m巻きの針金がありました。１mあたり0.5gと表示されています。その針金が18mでは何gですか」などと設問には直接関係しない数値があっても、「18÷0.5＝36　答え36g」や「100÷0.5＝200　答え200g」や「100×0.5＝50g」などと、問題文の数をてきとうにわり算したり、かけ算したりして、「当たった」「外れた」と運にかけている子もいます。

何を考えて、立式するか、その手立てがもてないでいるのです。

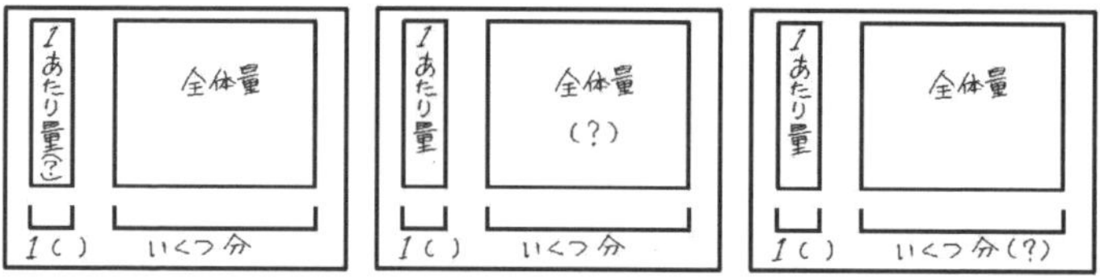

文章問題の指導の原則は、絵題→図題→文章問題と進みます。

文章問題を解くには図＜かけわり図＞がかけるかどうかが大きな決め手となります。

上図の＜かけわり図＞は、かけ算とわり算を明確に表現しています。

全体量÷いくつ分＝1あたり量

1あたり量×いくつ分＝全体量

全体量÷1あたり量＝いくつ分

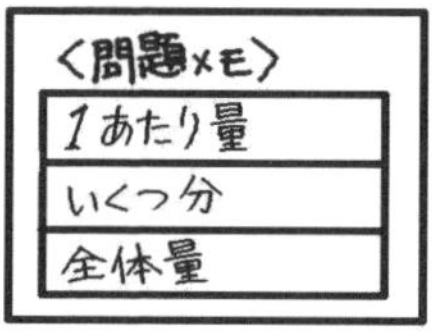

まず、何を問われ、何がわかっているのかをはっきりさせるために、問題メモを使って、問題を整理します。問題メモには、問題の場面をよりわかりやすくするために単位や助数詞をつけます。

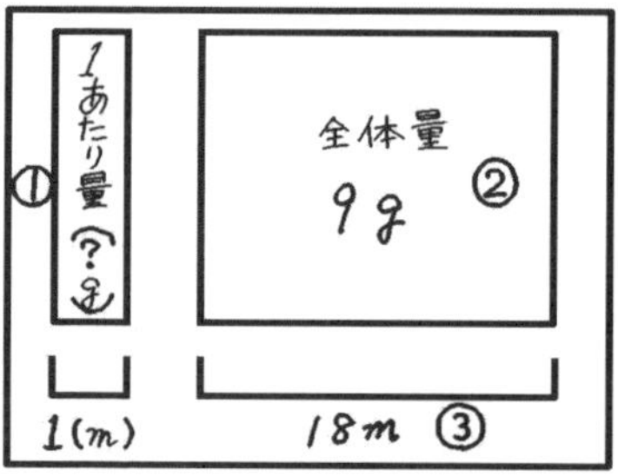

次に、メモから＜かけわり図＞に数値を記入すれば、演算が決定されます。

先の＜例題1＞を＜かけわり図＞にすれば、「1mあたり何g」が問われているので、①から記入します。

図をよこに見れば、「1あたり量（？g）」となりますから、②の全体量は（9g）となり、③の＜いくつ分＞（土台量）は（18m）となります。

＜算数式＞は、かけわり図とを対応させて、

9g÷18m＝？g／m　と単位をつけて書きます。単位をつけることで、g／mかm／gの違いも明らかになります。

量のつまずき

22 定規で7cmの線を正しく引けない子

こんな子はいませんか？

長さ

つまずき

このようなつまずきの原因は２つ考えられます。
①定規の扱いが不得手で、真っ直ぐに線を引けない子。
②定規の端からどこまでが７cmなのかわからない子。

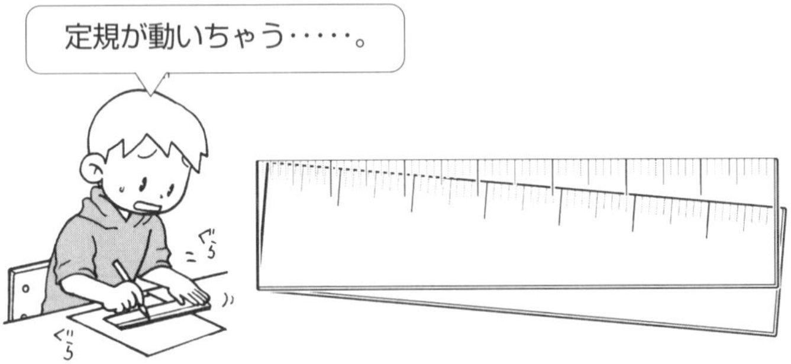

定規が動いちゃう……。

定規の端を押さえてしまうと、線を引いているうちに定規が動いてしまいます。

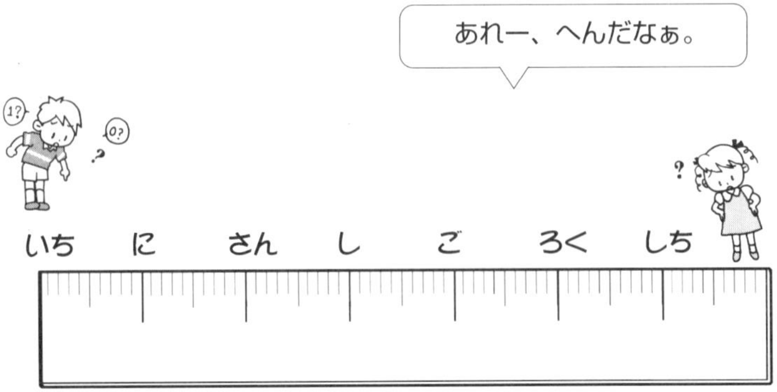

あれー、へんだなぁ。
いち
に
さん
し
ご
ろく
しち

このつまずきが直らないと数直線をよみ取れません。子どもたちの中には定規や線分の端を「1」と思っている子がときどきいます。

つまずき解消法

①のつまずきに対して

まず、定規の真ん中をしっかり力強く押さえます。長い線を引くときは、鉛筆の位置に合わせて定規を押さえるところをずらしていきます。鉛筆を持っている方の手は、あまり力を入れる必要はありません。小さい子どもたちの中には、左右の一方だけ力強く押さえることが苦手な子がいるのです。

②のつまずきに対して

０には「量の０」と「位置の０」があります。位置の０はメスシリンダーづくりを通して学習するとたいへん効果的です。まず、ビールのジョッキのような入れ物（ペットボトルでも可）とプリンカップを用意します。プリンカップに水を入れてジョッキに１ぱい、２はい、３ばい……とあけ、下図のようにジョッキに貼った紙に目もりを書き入れます。

次に、今度は入れた水をへらしていきます。へらすときにはジョッキを傾けずに、ピペットやスポイトで水をぬいていきます。その方が水が連続的にへっていくからです。３の目もりまで減らしたところで、「今、何目もり？」とたずね、「３目もり」と答えさせます。同様に、２のところで「２目もり」、１のところで「１目もり」と答えさせます。さらに水をへらして、水がなくなったところで「０目もり」と答えさせ、紙の下端に「０」を記入します。目もりを書いた紙をはずし、横にすると、端が０であることが確かになります。

23 たて40ｃｍ、横6ｍの長方形の面積を「40×6＝240」としてしまう子

面積

つまずき

「水そうに金魚が２ひきいます。そこにコップの水を３ばい入れました。金魚は合わせて何びきになりますか？」という問題に、「５ひき」と答えた子がいました。彼女は某大手進学塾でトップクラスの子でした。加減は、基本的には同種の量の演算です。それに対して乗除は異種の量の演算です。ところが面積は「長さ×長さ」という同種の量の積で求められます。特殊なかけ算と考えてもよいでしょう。このようなことも式に単位をつけることでわかってきます。表題の問題も式に単位をつけないために起きてしまう間違いのひとつです。

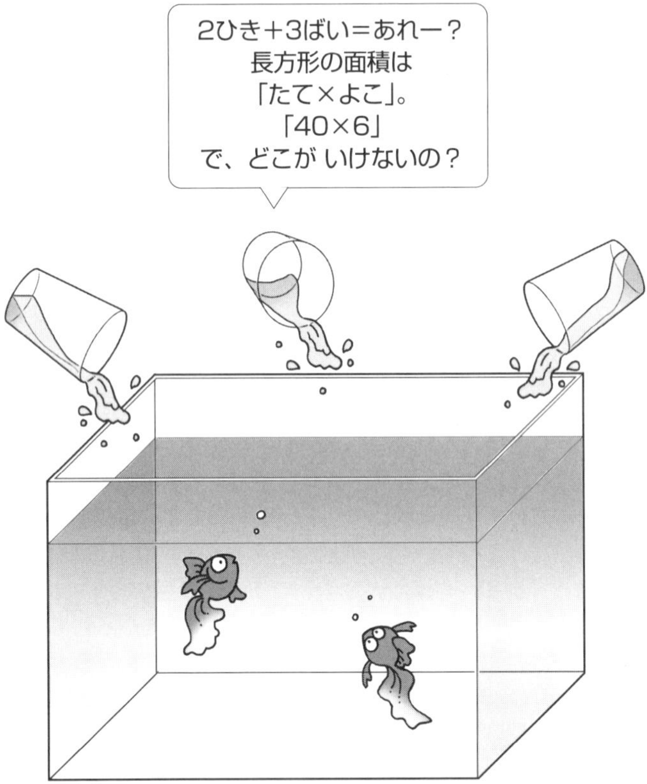
2ひき＋3ばい＝あれー？
長方形の面積は
「たて×よこ」。
「40×6」
で、どこが いけないの？

つまずき解消法

「数学は抽象的な学問だから、具体物から離れた方が高級である。だから式には単位をつけてはいけない」という人がいます。単位をつけるかつけないかで高級、低級が決まることなどありません。

とりわけ小学生には抽象化を急ぐ必要はありません。特に連続量には、㎜、㎝、m、㎞やmℓ、dℓ、ℓ、kℓなどさまざまな単位があるので、いつも単位をつけるようにこころがけ、式に異なる単位が混ざっていないか、チェックする習慣をつけておくとよいでしょう。

式　6m＝600㎝

40㎝×600㎝＝24000㎠

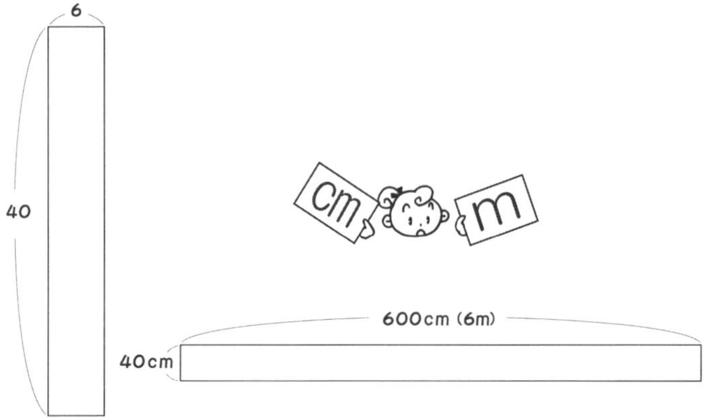

離散量につける「本」「匹」「枚」は助数詞といいます。助数詞をつけておけば、金魚とコップの水をたすような間違いはなくなるでしょう。ただ、本や匹の読み方には、

本－ほん、ぼん、ぽん

匹－ひき、びき、ぴき

があるので、小学校１年生にはていねいな指導が必要です。

日本には次のようないろいろな助数詞があります。

座（山）	張り（テント）	本（くじ）
幅（掛け軸）	丁（豆腐）	輪（花）
棟（建物）	両（車両）	膳（はし）
杯（イカ）	基（墓）	部（新聞）
口（寄付）	番（相撲）	竿（たんす）

24「1㎡＝100㎠」としてしまう子

面積

つまずき

単位換算は、多くの子どもたちが苦手にしています。さらに面積や体積のような「組立単位」は子どもたちにとってかなりやっかいなものです。どうしても、「１ｍ＝100㎝」の印象が強すぎてしまい、上記のような間違いをしてしまいます。

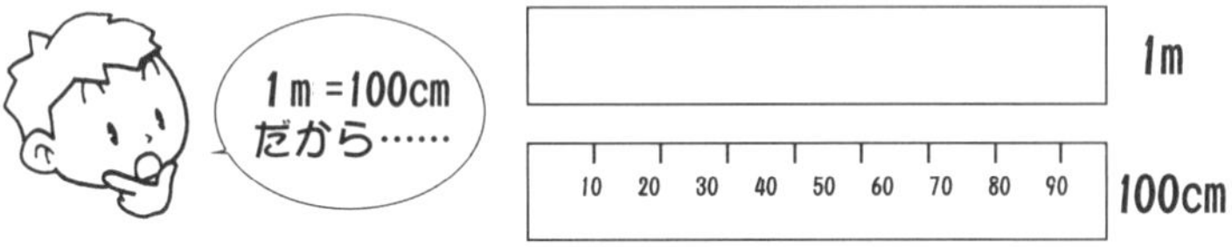

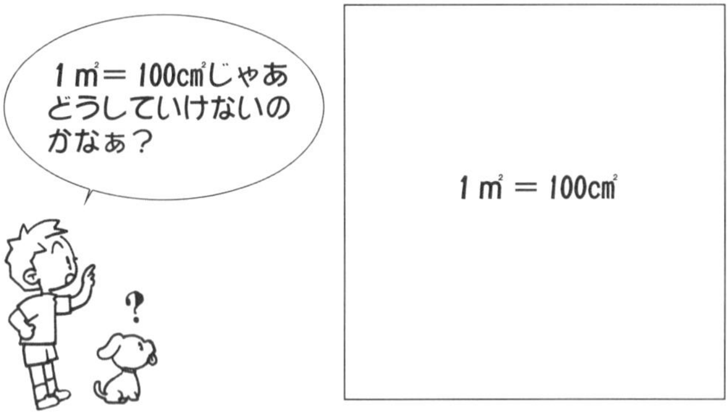

つまずき解消法

［第１段階］単位換算の意味

単位をかえるということは、同じ量を、測る道具をかえて数値化することです。液量で考えてみましょう。鍋に水が入っているとします。この水を大きなドンブリで測ってみたら３ばい分ありました。水を元にもどして、今度はコップで測ったら８はい分になりました。

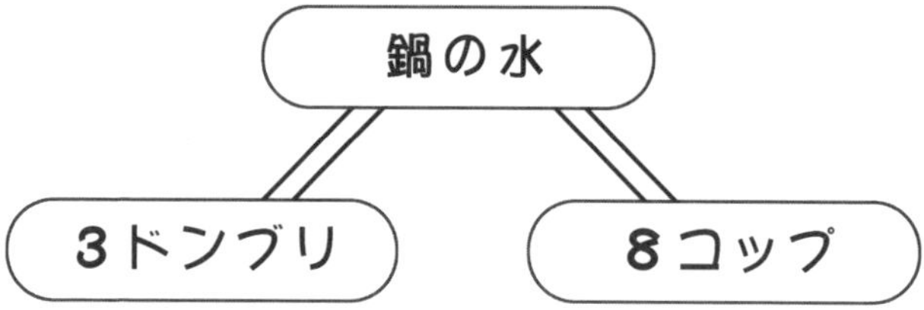

だから…

3ドンブリ＝8コップ

と表すことができるのです。これが単位換算です。このことが理解できると、

大きな単位の前には小さな数字がつき
小さな単位の前には大きな数字がつく

こともわかるようになります。

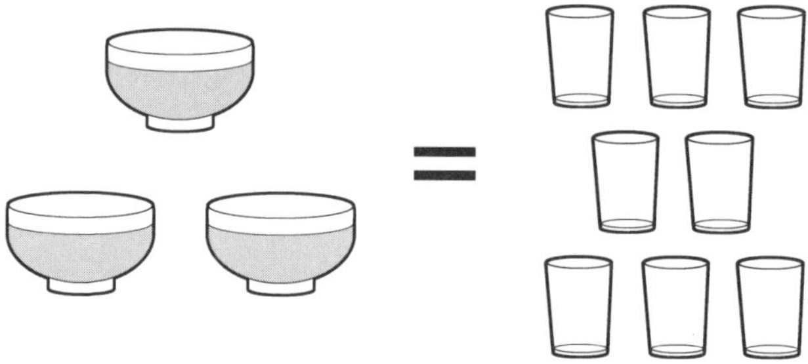

［第2段階］メートル法の仕組みの理解

基本となる単位は、m（長さ）、ℓ（かさ）、kg（重さ）、s（時間）などです。これらに接頭語である

k（キロ－1000倍）　d（デシ－1／10）
h（ヘクト－100倍）　c（センチ－1／100）
da（デカ－10倍）　m（ミリ－1／1000）

をつけていろいろな単位がつくられています（重さのkgは例外で、接頭語がついたものが基本単位になっています）。このように、単位は十進構造になっているのです。接頭語の意味がわかると単位換算が一段と楽にできるようになります。

これらの接頭語は、

「キロキロと、ヘクト、デカけて、メートルが、デシに追われて、センチ、ミリミリ」

と覚えるとよいでしょう。

単位の接頭語は上記の他に次のようなものがあります。

M	メガ	1000000倍
G	ギガ	1000000000倍
T	テラ	1000000000000倍
P	ペタ	1000000000000000倍
E	エクサ	10の18乗
Z	ゼタ	10の21乗
Y	ヨタ	10の24乗

μ	ミクロ	1／1000000
n	ナノ	1／1000000000
p	ピコ	1／1000000000000
f	ファムト	10の15乗分の1
a	アット	10の18乗分の1
z	ゼプト	10の21乗分の1
y	ヨクト	10の24乗分の1

日本の漢字にもメートル法の単位に合わせたものがあります。

キロメートル	粁
ヘクトメートル	粨
デカメートル	籵
メートル	米
デシメートル	粉
センチメートル	糎
ミリメートル	粍

キログラム	瓩
ヘクトグラム	瓸
デカグラム	瓧
グラム	瓦
デシグラム	瓰
センチグラム	甅
ミリグラム	瓱

キロリットル	竏
ヘクトリットル	竡
デカリットル	竍
リットル	立
デシリットル	竕
センチリットル	竰
ミリリットル	竓

［第３段階］面積の単位換算

新聞紙などを使って、実際に一辺１ｍの正方形をつくります。そこに、一辺１㎝の正方形を当ててみます。縦に100個分、並べられます。たて１ｍ、横１㎝の長方形が100㎠です。この長方形を横に10本並べます。たて１ｍ、横10㎝の長方形が1000㎠です。さらに、この長方形10個分が１㎡なので、

１㎡＝10000㎠

となります。このように、実物大の広さを用いて数える経験が必要です。

もちろん、１ｍ×１ｍ＝１㎡、100㎝×100㎝＝10000㎠ということも指導します。

25 速さの求め方がわからない子

単位あたり量

つまずき

速さ＝道のり÷時間

道のり＝速さ×時間

時間＝道のり÷速さ

この３つが教科書の「速さ」の学習のところに載っている式です。子どもたちはなかなかこの式を覚えることができません。塾などで右のような図を書いて、

「は（速さ）・じ（時間）・き（距離）」と覚え、式を導く方法を教わってくる子もいます。ところが、図の、どこに「は」「じ」「き」を書き入れたらよいのかがわからなくなってしまうのです。

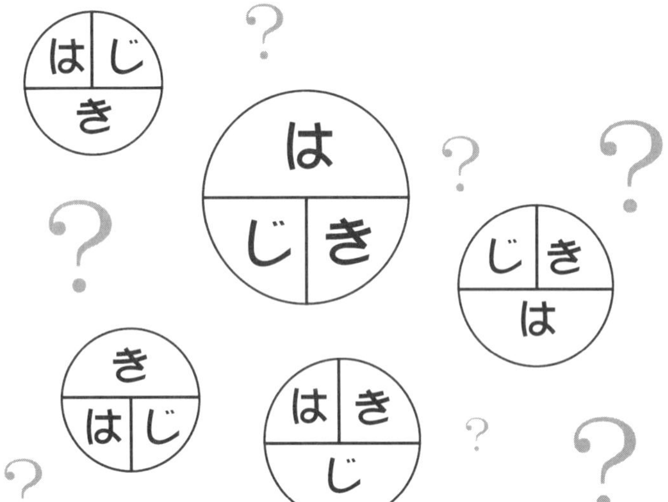

つまずき解消法

公式の丸暗記は、いったん忘れてしまうと思い出す手立てがありません。そこで、印象に残るような活動を通して公式を導き出すことにより、公式を定着させます。速さは、時間と距離の2つの量を用いて数値化します。しかし「時間」は目に見えず、子どもたちにとってとらえにくい量です（ピアジェは、子どもにとって、速さよりも時間の方がとらえにくいといっています）。また、距離も、たとえば、自動車の移動した距離は、道路の２点の位置の間にあり（テープなどを置けば取り出して目で見ることができますが）、普通は取り出すことができません。

そこで、次のような段階を踏んで学習すると公式が身につきます。

［第１段階］わかりやすい離散量を用いて
乗除の構造を図に表す。

20個のキャラメルを５つの箱に等しく分ける活動をします。それを、下の左の図に表します。

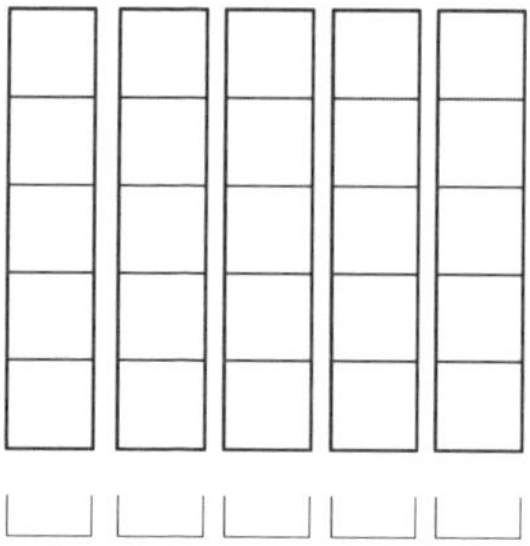

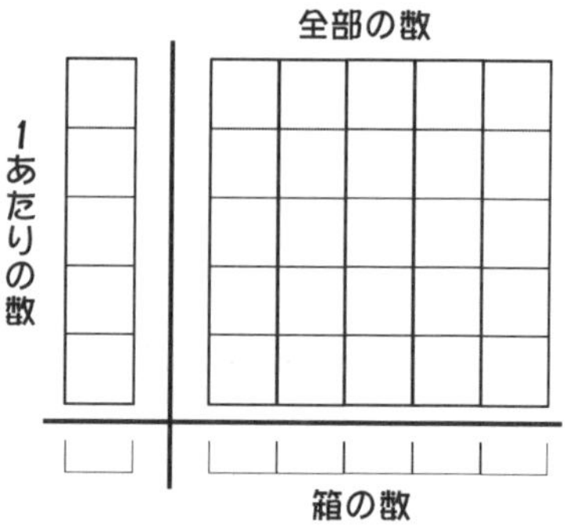

１箱あたりのキャラメルの数を上の右の図のように表します。ここで、　１箱あたりの数＝全部の数÷箱の数
全部の数＝１箱あたりの数×箱の数
箱の数＝全部の数÷１箱あたりの数
の３つの式を導きます。

［第2段階］時間で割って速さを数値化する。

下図のように、１㎝方眼に自分の名前を５秒間、くり返し書き、文字を書く速さを数字で表してみます。

と	も	か	と	も
か	と	も	か	と
も	か	と	も	

この図では５秒間に14文字書いたので、

14文字÷５秒間＝2.8文字／秒

となります。この速さで20秒間書き続けると、何文字書けるでしょう。2.8文字／秒×20秒＝56文字となります。実際にやってみると、だいたい近い値になります。今度は30文字を書くには時間がどのくらいかかるか計算してみます。30文字÷2.8文字／秒＝10.7……秒となります。これも実際にやってみます。

最後に、速さ＝文字数÷時間

　　　　文字数＝速さ×時間

　　　　時間＝文字数÷速さ

であることを確認するとともに、次図のような関係になっていることを理解させます。

［第3段階］長さを時間で割って、速さを数値化する。

ここではマスに文字を書くのではなく、鉛筆で塗っていきます。

すると次の３つの式が導かれます。

塗る速さ＝塗った長さ÷時間
塗った長さ＝塗る速さ×時間
時間＝塗った長さ÷塗る速さ

［第4段階］移動の速さを数値化する。

オモチャの車やゼンマイで進む人形などを動かし、その速さを、時間と距離で表します。時間に余裕があれば、車や人形の背に紙テープをつけ、移動した距離をそのテープの長さを測ることによって求めるとよいでしょう。この段階になると速さの３つの式は容易に導くことができます。

速さ＝距離÷時間
距離＝速さ×時間
時間＝距離÷速さ

これらの活動をすることによって、「速さは長さを時間でわって求める」ことが身につきます。また、次の図は「じめんの上にはるがきた」とか、「じめんの上のはなをみる」などと覚えるとよいでしょう。

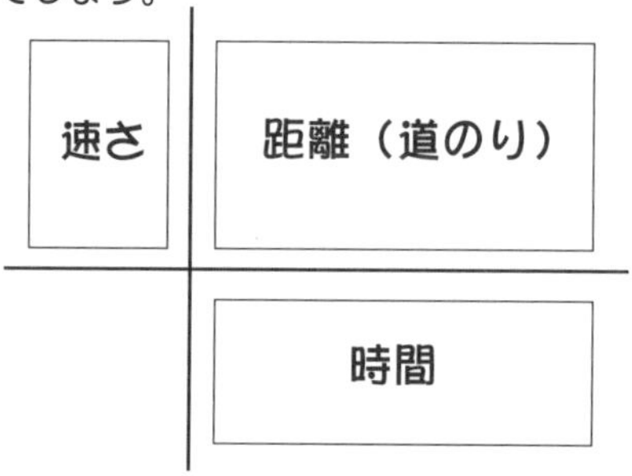

26 まわりの長さが長いほど面積が広いと思っている子

面積

つまずき

比べる図形が相似形ならば、まわりの長さが長いほど、面積は広くなります。子どもたちは、身近な正方形や円を頭に描いて、「まわりの長さが長いほど、広さは広い」と思ってしまうのです。

まわりの長さが
長いほど
広いにきまってる

つまずき解消法

まわりの長さと面積は関係がないことを理解させます。子どもたちに、工作用紙を長方形に切った紙を渡し、まわりの長さを測らせます。次に、下図のようにハサミで切り取らせます。

ア イ ウ

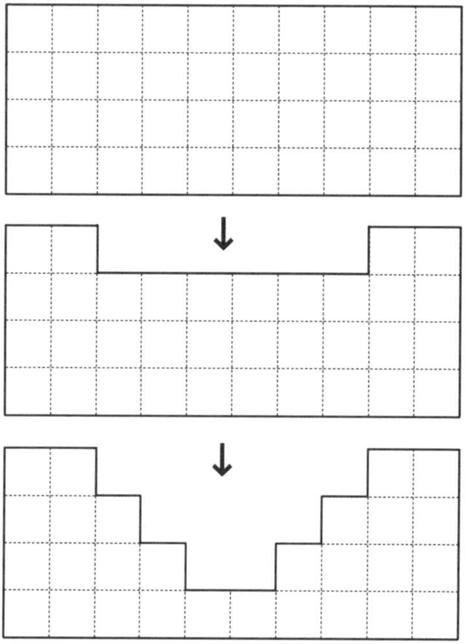

切り取るたびに、まわりの長さを測らせると、

ア　まわりの長さ 28㎝　面積 40㎠

イ　まわりの長さ 30㎝　面積 34㎠

ウ　まわりの長さ 34㎝　面積 28㎠

となることがわかります。

ただし、授業では、「まわりの長さが長いほど面積は広い」という考えについて、時間をかけて話し合わせることが大切です。

27 重さと体積を混同している子

重さと体積

つまずき

コップになみなみと水を入れ、その中に同体積で重いものと軽いものを入れると、重いものの方があふれる水の量が多いと考える子がいます。同物質ならば、体積は重さに比例しますが、異なる物質では、重さが重いほど体積が大きいとはいえません。また、重さと体積を混同していては、代表的な単位あたり量である密度を理解することもできません。

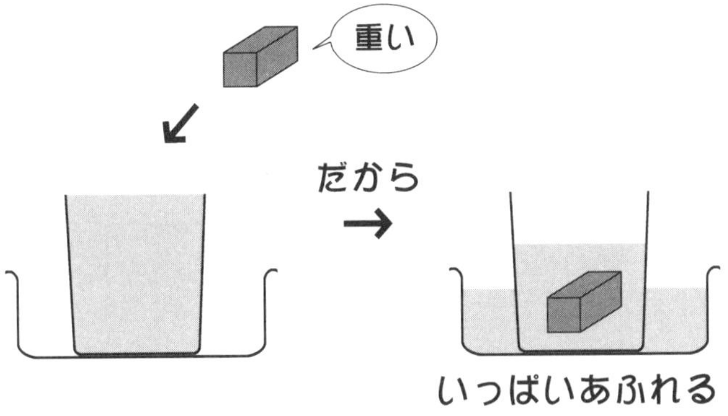
重い
だから
いっぱいあふれる

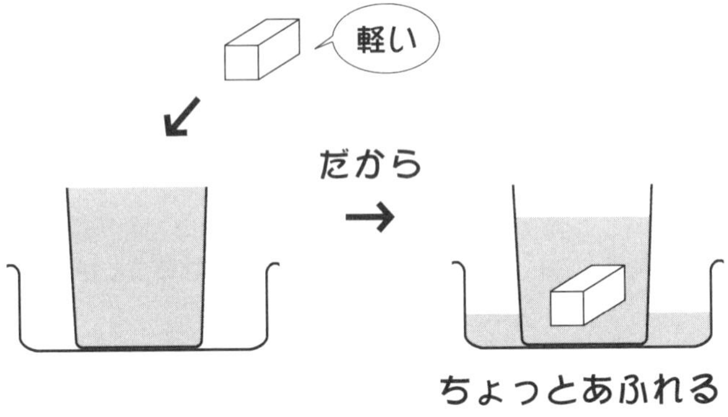
軽い
だから
ちょっとあふれる

つまずき解消法

　このつまずきには、同体積で重さの違うものを示すことと、同じ重さで体積の違うものを示すことが必要です。同じ体積で同じ形（直方体がよい。定規で体積を計算できる）の鉄（あるいは銅、真鍮、鉛など）と、アルミニウムを用意します。それぞれを同じ色の折り紙で包んでおき、見た目では区別がつかないようにしておきます。これを、親指と人差し指の２本でつまむようにもたせます。子どもたちは２つの金属をつまんだとたんに驚きの表情を見せます。これで、同じ体積でもまったく重さの違うものがあることがわかります。

　次に、同じ重さの鉄と発泡スチロールを用意します。体積はまったく違います。この２つの重さを上皿自動ばかりに載せて量ります。同じ重さでも体積が違うものがあることがわかります。 重さと体積の区別が明らかになった後に、今度は、水の中に入れたときに増える水の量を調べます。メスシリンダーを使うとよいでしょう。増える水の量は重さには関係なく、体積だけに関係することがはっきりします。

28 食塩を水に溶かしたときの重さは、「食塩＋水」の重さよりも軽くなると思っている子

重さ

つまずき

　このように思ってしまう子は、小学校３、４年生よりも５、６年生や中学生に多いのです。３、４年生は、おそらく10ｇの食塩を100ｇの水に溶かすことは、「10と100を合わせるたし算」だから110ｇと答えたのでしょう。しかし、実際に水の中に食塩を入れ、よくかき混ぜて溶かしきると、もう、食塩の姿は目で見ることができません。おまけに、入れる前の食塩のかさの分だけ水面が上昇しているわけでもありません。目で見る限りでは、「増えた気がしない」と思うのも当然かもしれません。高学年になり、体験などを通して考えることができるようになると、かえって間違いが増えるのかもしれません。

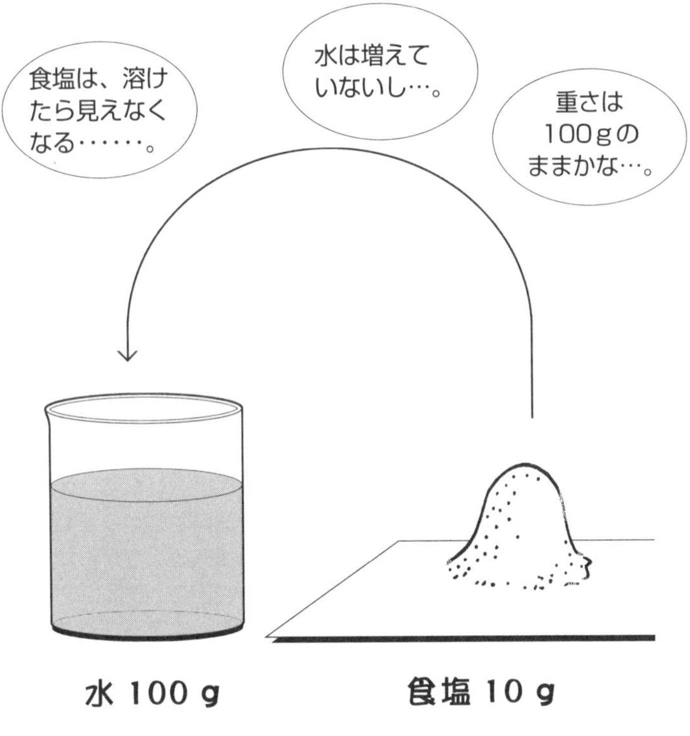

食塩は、溶けたら見えなくなる……。
水は増えていないし…。
重さは100ｇのままかな…。
水 100 g
食塩 10 g

つまずき解消法

てんびんを使って、水の重さとつり合う粘土の玉をつくります。同様に食塩と同じ重さの粘土の玉をつくります（角砂糖の方が溶解度が高く、たくさん溶けるのですが、後で蒸発乾固する場合、砂糖では焦げてしまいます）。２つの粘土を合わせて大きな粘土の玉をつくります。これは、水と食塩を合わせた重さになります。そのことをてんびんで確かめます。てんびんから水と食塩を下ろし、食塩を完全に溶かして食塩水をつくります。

この様子をよく観察させます（角砂糖は溶けていく様子がよくわかります）。水面の位置にも注目させます。この食塩水をてんびんにもどすとどうなるかを考えさせます。考えて結果を予想し、友だちの考えを聞いたりして、再度、自分の考えをまとめます。食塩水をてんびんにもどしたときに、粘土の玉が下がれば、食塩水の重さが110ｇよりも軽いことになります。反対に、食塩水の方が下がれば、110ｇよりも重くなったことになります。そして、実験をします。

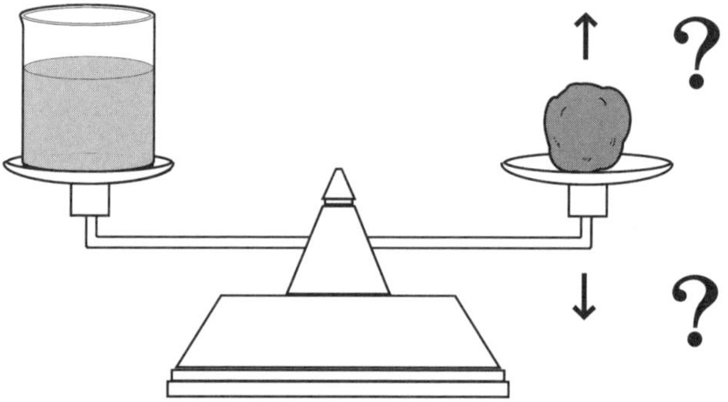

質量保存の法則を確認する実験です。

食塩水をスプーンに少し取り出し（スプーンに焦げ目がつかないように、アルミホイルで包んでおきます）、アルコールランプでしばらく熱すると水分が蒸発しはじめます。白い粉が見えはじめたら火を消します。長く熱しすぎると粉が飛び散るからです。出てきた粉を冷ましてなめてみると、食塩であることがはっきりします。これで食塩を水に溶かすと見えなくなるが、それでも水の中に食塩が存在していたことが確かになります。

29 コンパスの扱いが苦手な子

こんな子はいませんか？

図形

つまずき

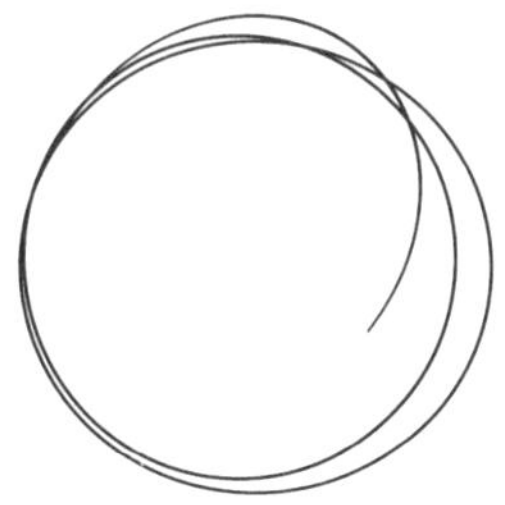

コンパスが上手に使えない子が増えてきていると、感じていませんか。コンパスを回しながら、途中で円の中心がずれたり、鉛筆の芯がずれたり、コンパスが緩んだりで、半径がくるって円にならなかったり……。

コンパスもいろいろあって指導するのが大変です。直線が引け、きちんと線分がとれたり、コンパスでしっかりと円を描く技能も大切な学習です。きちんとした図形が描けることでわかってくるものもあります。

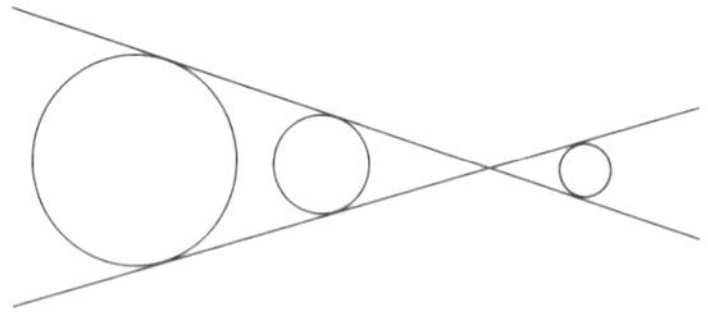

図のように、2本の直線に挟まれたところにさまざまな半径の円が描けることは、すべての円が相似であること意味します。しっかりと作図できなければ、見えてくるものも見えてきません。

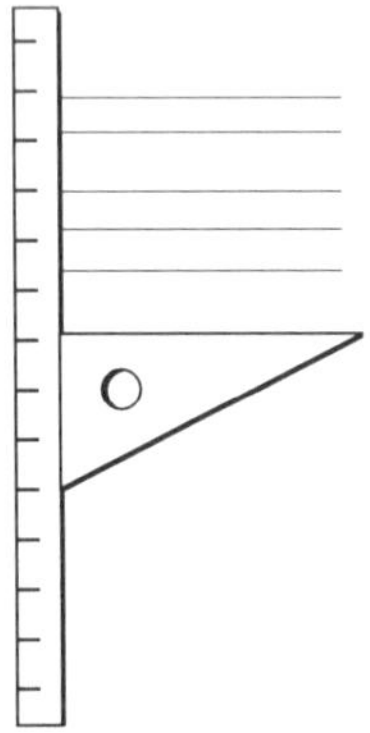

コンパスで円、三角定規や物差しで直線や平行線が自由に引ける技能も、算数の学習のひとつです。

つまずき解消法

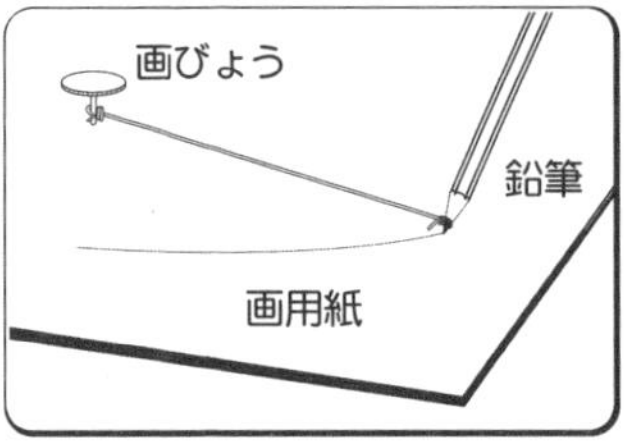

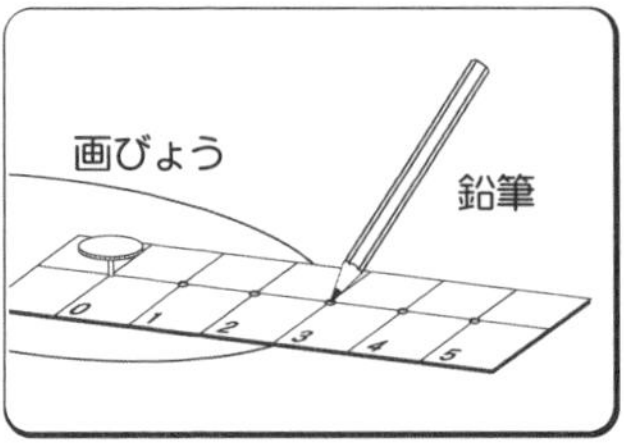

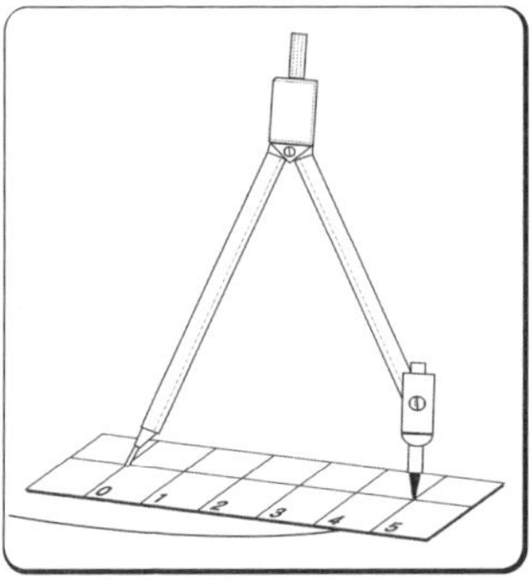

①たこ糸の両端を輪にして、画びょうと鉛筆で円を描く練習をします。
糸が結べない子がいるので、時間がかかります。画用紙と画びょうを使い、厚紙（板目紙など）を下敷きにするとよいでしょう。糸の結び目をいろいろ変えて楽しみます。

②図のように工作用紙などの厚紙で半径を意識させながら円を描きます。工作用紙には千枚通しなどで穴を開けます。

③工作用紙にコンパスで円を描く練習をします。

④コンパスだけで半径を決めて円を描く練習をします。

⑤コンパスだけを使って円の模様づくりを楽しみます。
（コンパスの先と鉛筆の先をそろえさせてから、コンパスを使うことにします。コンパスを回すときは上のつまみを持って回すように練習させます。また、コンパスのねじが緩むものもありますので、小さなドライバーを教室に用意しておくとよいでしょう）

30 複合図形の面積を求めるとき、必要な長さを求められない子

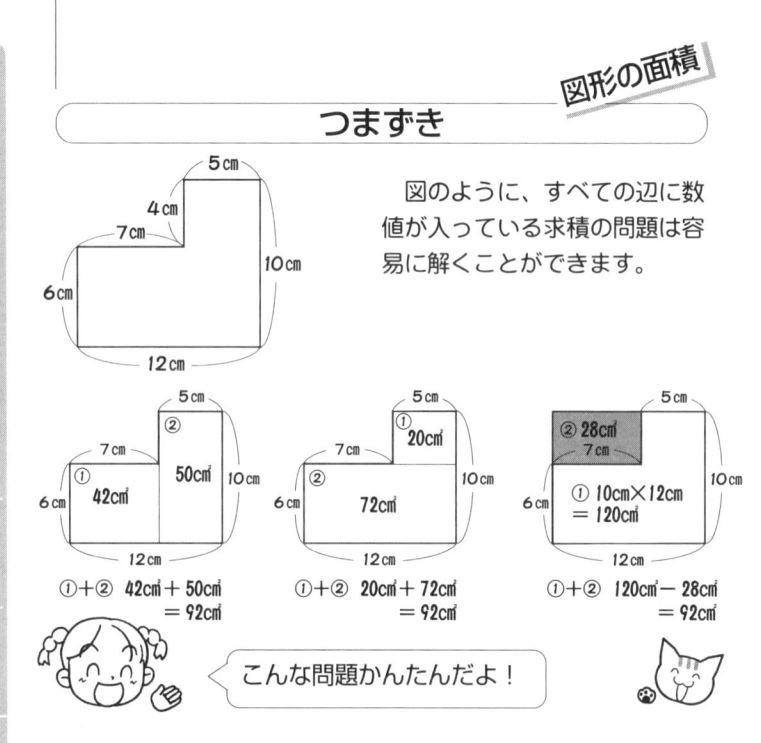

図形の面積

つまずき

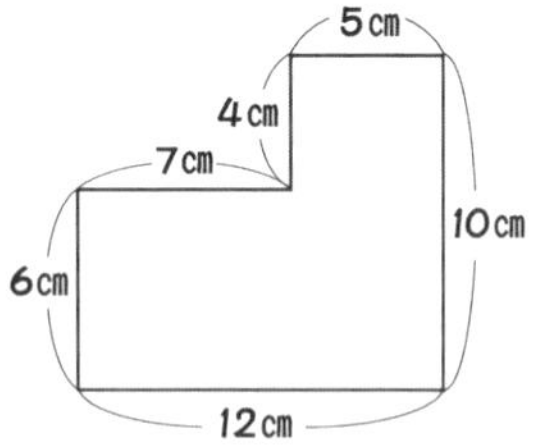

図のように、すべての辺に数値が入っている求積の問題は容易に解くことができます。

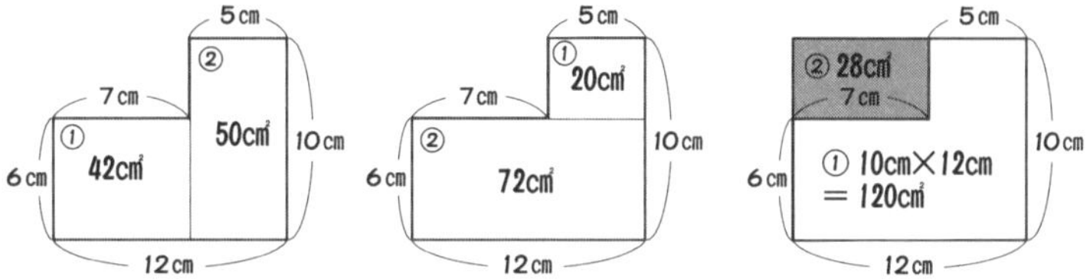

①＋②　$42\text{cm}^2 + 50\text{cm}^2 = 92\text{cm}^2$

①＋②　$20\text{cm}^2 + 72\text{cm}^2 = 92\text{cm}^2$

①＋②　$120\text{cm}^2 - 28\text{cm}^2 = 92\text{cm}^2$

子どもたちは、自分の得意な方法で面積を求めます。しかし、下図のような問題では、得意な方法があっても、必要とする辺の長さが示されていません。求積に必要な辺の長さを計算で求めることに気がつかないのです。

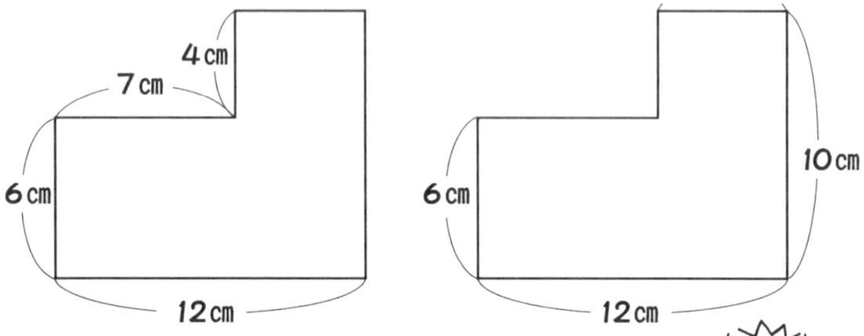

つまずき解消法

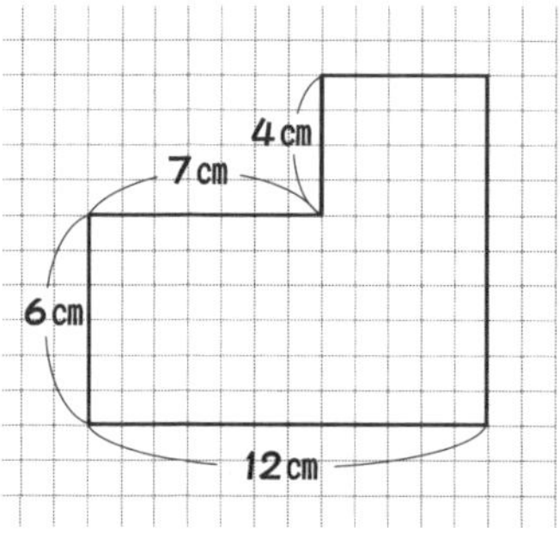

「わからない辺の長さは計算で求められるよ」といっても、わからない子には通じません。そこで、長さがわかっている辺をもとに、「工作用紙に問題の図形を描いてみよう」と投げかけ、問題の形を作図させます。そうすると作図している過程で自分が知りたい辺の長さに気づきます。

子どもたちが自分で気づいた後に、「毎回作図していたのでは時間がかかるから、知りたい辺の長さは計算して求めることにしよう」とうながせば、

12cm－７cm＝５cm

４cm＋６cm＝10cm　などは誰でもが納得します。

求積の練習問題は子どもたちがつくった問題が効果的です。各自に10cm四方の工作用紙を切り取らせ、その形を裏返して問題とします（工作用紙のマス目を見てはいけない約束し、必要な長さは実測することにします）。友だち同士交換しながら面積を求めます。答え合わせの丸つけは出題者がします。

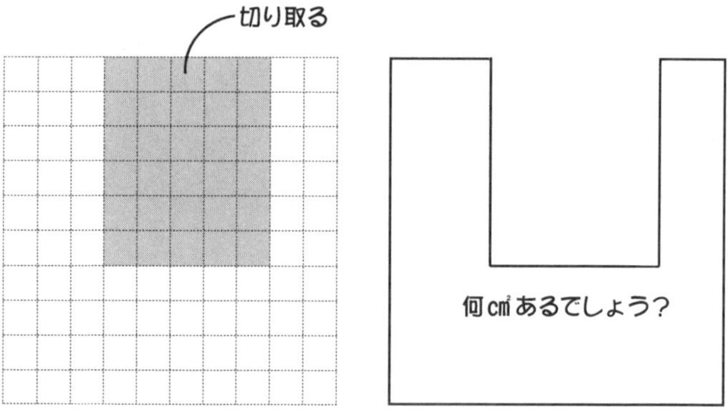

31 三角形や平行四辺形の高さが求められない子

図形の面積

つまずき

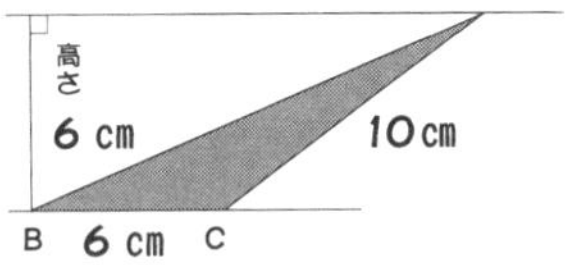

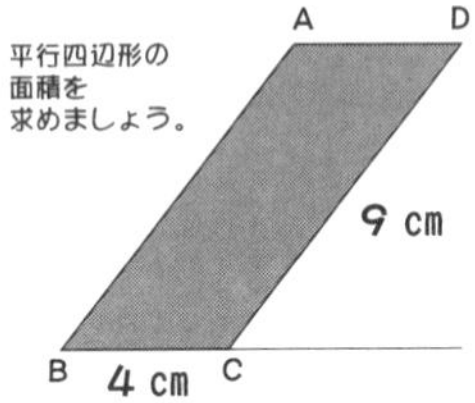

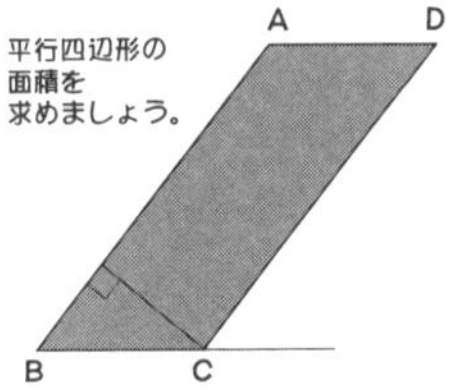

三角形ＡＢＣの面積を求めましょう。

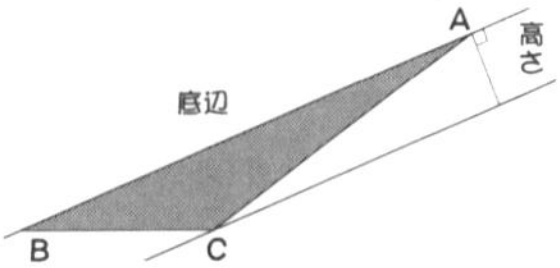

図のような問題を解くとき、

三角形の面積＝底辺×高さ÷２

平行四辺形の面積＝底辺×高さ

と公式は覚えていても、

６cm×10cm÷２＝30㎠

４cm×９cm＝36㎠

としてしまう子がいます。

算数用語としての「底辺」と「高さ」の意味がつかみ切れていないのです。

平行四辺形は「高さ」と「底辺」を考える場面は２通りあります。三角形は３通りです。１通りでないことが子どもたちの理解を妨げているようです。また、何通りかあるから「面積を求める公式」という言葉にもなっているのでしょう。

さらに、「底辺」は底の辺となっていますから、図でいえば、辺ＢＣを「底辺」ととらえたくなります。

つまずき解消法

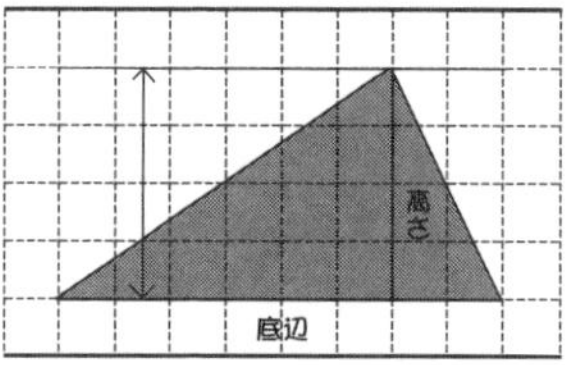

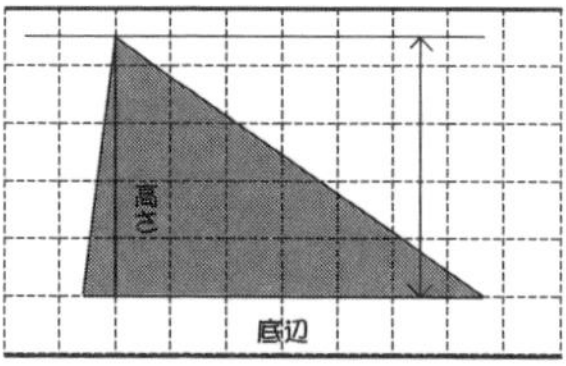

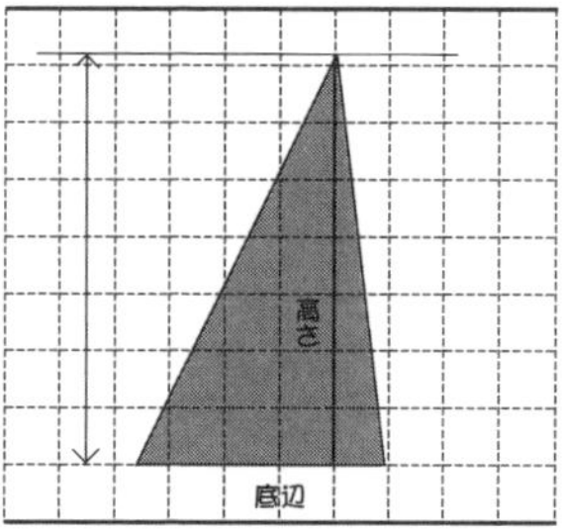

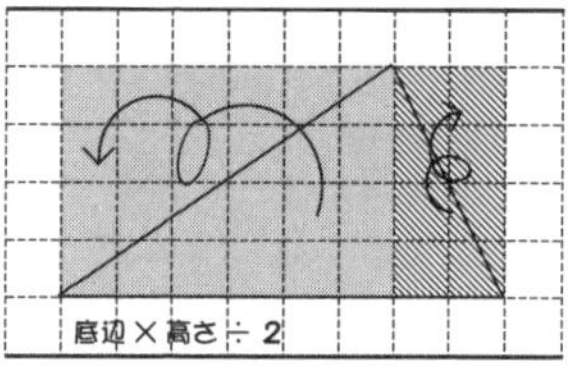

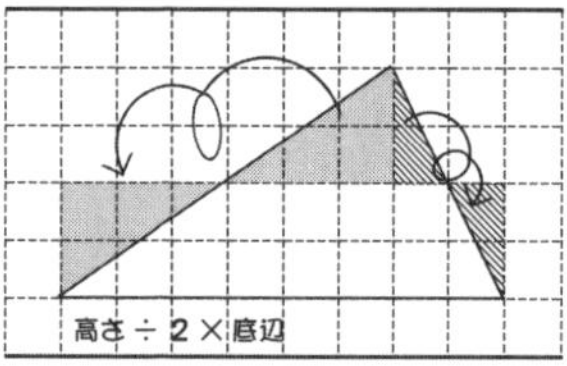

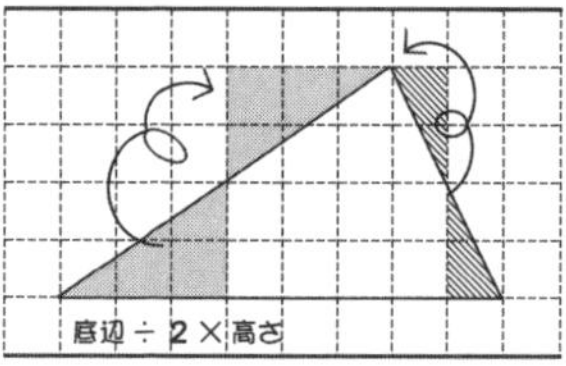

　三角形や平行四辺形の求積では、「底辺」と「高さ」の関係をつかませることが大切です。「底辺」は三角形のひとつの辺で、その辺に対応する頂点までの距離が「高さ」になります。

　この関係をつかませるために、各自色画用紙で同じ大きさの三角形を３枚つくり、それぞれの辺を底辺にして方眼ノートの罫線に合わせて貼ります。そして、「底辺」に対する「高さ」を書き込ませます。

　このような作業を通して、「高さ」は平行線間の距離であることをとらえさせます。作業中に「底辺って、車の底だね」などのつぶやきも出ますので、「『高さ』は歩道橋などの高さ制限の『高さ』のことだね」などと、身近な生活の場面でのイメージももたせます。

　求積の公式は子どもたちの裁合せ（切り貼り）の作業から導き出します。

　方眼の罫線に三角形を描き、実際に切り取らせて、長方形づくりをさせます。代表的な等積変形は左図の３通りぐらいになりますが、子どもたちが考えた変形を大切にしながら公式としてまとめます。はさみとのりで行う作業中心の学習です。

32 円の面積と円周の求め方を混同している子

円の面積

つまずき

面積の単位は長さの単位をもとにして考えられていますから、長さと面積（広さ）はまぎらわしいと思っている子どもたちがいます。

面積を求めているのに平方の「2」を書き忘れていたり、長さを求めているのに「2」をつけて広さとしたりしてしまいます。

円の面積と円周を求めるとなると、求め方も「半径×半径×3.14」と「直径×3.14」で「×3.14」がどちらにもついているので、更に混同する子が増えます。円の面積と円周の求め方を取り違えて覚えていたり、円の面積が「直径×直径×3.14」だったり、「半径×２×3.14」だったりしてしまいます。言葉で覚えることは大変です。

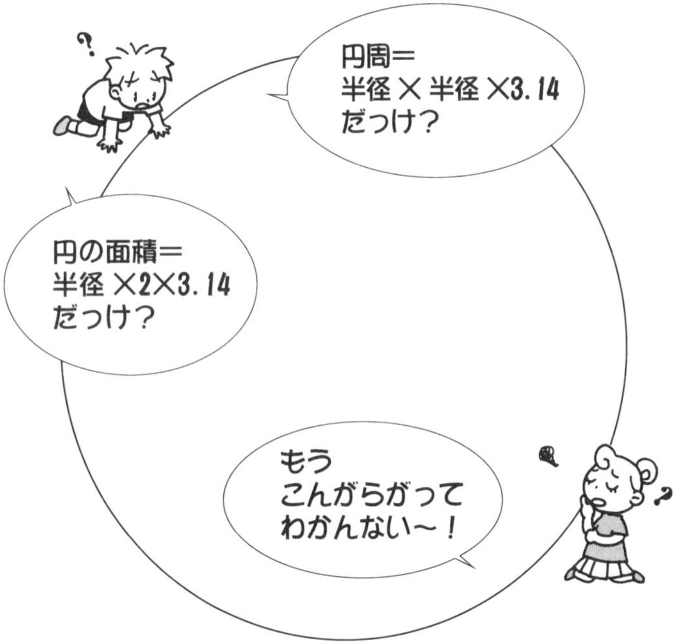

円周＝半径×半径×3.14だっけ？
円の面積＝半径×2×3.14だっけ？
もうこんがらがってわかんない～！

つまずき解消法

公式を言葉で覚えるのが困難な子どもたちでも、自分で手を使って作業したことは映像として残ります。

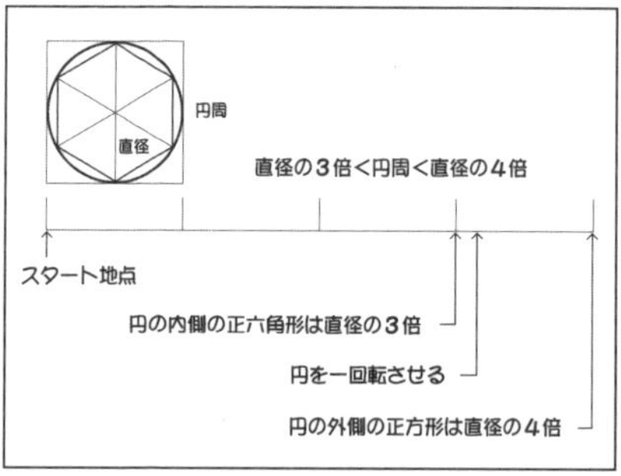
円周
直径
直径の3倍<円周<直径の4倍
スタート地点
円の内側の正六角形は直径の3倍
円を一回転させる
円の外側の正方形は直径の4倍

たとえば、円周率を求めるときは、図のような内容をプリントで学習するのではなく、実際に実験をすれば納得できるでしょう。

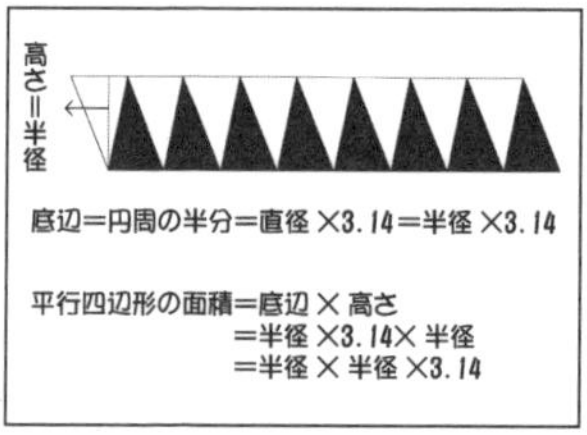
高さ＝半径
底辺＝円周の半分＝直径 ×3.14＝半径 ×3.14
平行四辺形の面積＝底辺 × 高さ
＝半径 ×3.14× 半径
＝半径 × 半径 ×3.14

円の面積を求める公式は、多くの場合、円を分割して扇形をつくり、その扇形を並び替えて平行四辺形にしたり、三角形に並び替えて、それぞれの公式から式を変形して「半径×半径×3.14」を導き出しています。

<作り方>
①工作用紙に両面テープを貼り紙紐を巻いて円を作る。
②半径で切り、紙紐を順番に伸ばす。
半径
高さ
円周＝直径 ×3.14＝底辺
三角形の面積＝底辺 × 高さ ÷2
＝直径 ×3.14× 半径 ÷ 2
＝半径 ×3.14× 半径

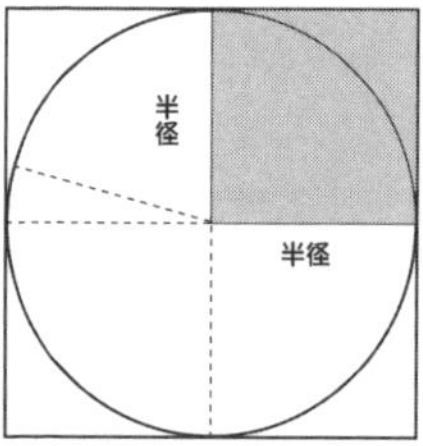
半径
半径

しかし、式を変形することは高度の内容です。いろいろな手立てを講じなければなりません。左図は、紙紐などを巻いて円をつくり、その円を切り開いて三角形に変形して円の面積を求める方法です。時間もかかり、作業も難しいのですが、円が三角形に変わる驚きの中で、円の面積の公式を学習することになります。また、公式を導いた後、「半径×半径」の部分を正方形としてとらえ、「×3.14」は正方形の面積の3.14倍とすることで、広さのイメージがつくれます。

33 四捨五入が苦手な子

こんな子はいませんか？

概数

つまずき

文科省の調査の結果からもわかるのですが、概数を苦手にしている子はたいへん多いのです。そのつまずきは大きく2つに分けられます。1つ目は、「おおまかに」見ることが苦手なケース。2つ目は、問題を読んでもどうすればよいのかわからないケースです。

博物館でのできごと。

つまずき解消法

「概数」は小学校４年生で学習します。この時期の子どもたちは、小数や分数のように細かな部分も正確に数字で表すことに向いています。ものごとを大ざっぱにとらえる能力は中学生くらいになると急に発達してきます。子どもの発達段階を考えると４年生に概数は適していないのかもしれません。さらに、最近の教科書では四捨五入の後に、切り捨てや切り上げが出てきます。わかりやすいのは切り捨てや切り上げの方なので、指導順序を逆にした方がよいでしょう。まずどういうときに概数が使われるのかを伝えましょう。

１つ目のケースに対しては、

①正確な数値が必要ない場合

マンボウの卵の数や、ラクダの体重など。

②刻々と数値が変わる場合

人口(東京では１日に200人以上の変化が起こることもある)など。

③はかりの目もりを読む場合

測定器具には精度に限界があります。

２つ目のケースは、四捨五入をする位に印をつけるとほとんど解消されます。

26749

たとえば「26749」を「約27000」にする場合、次のような問題文があります。

A.「百の位を四捨五入して、千の位までの概数にしましょう」
（親切でわかりやすい）

B.「百の位を四捨五入して概数にしましょう」
（少し不親切）

C.「千の位までの概数にしましょう」
（どこの位を四捨五入するのか書いていない）

D.「上から２けたの概数にしましょう」
（これもどこの位を四捨五入するのか書いていない）

算数のつまずきというより、出題者の不親切さに原因もあるようです。

34 「今日は23人休みました。昨日より9人へりました。昨日は何人休みましたか」という問題に「23−9」という式を書いてしまう子

ひき算

つまずき

問題文に「へりました」があります。これに気づき、「へるのだからひき算」と思ってしまう子がいます。「本を56ページ読みました。あと20ページ残っています。この本は何ページの本でしょう」という問題も、「残っています」に着目して、「残りだからひき算」と思い、「56−20」としてしまいます。

つまずき解消法

問題に合わせて次のようなテープ図を書かせます。

①「今日は23人、休みました」

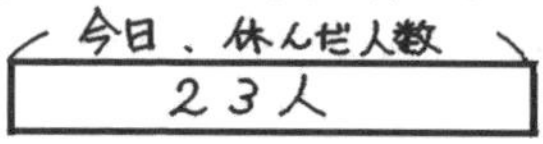

②「昨日より9人へりました」

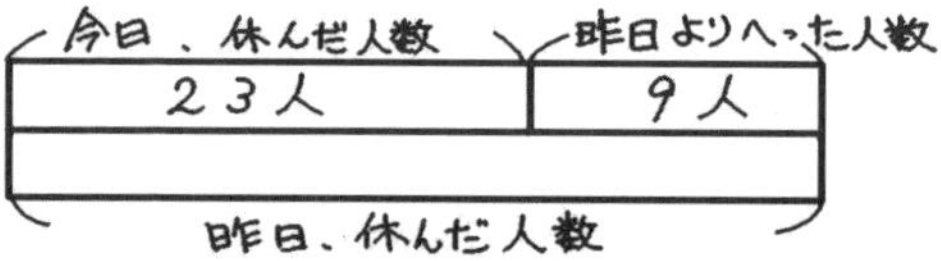

③「昨日は何人、休みましたか」

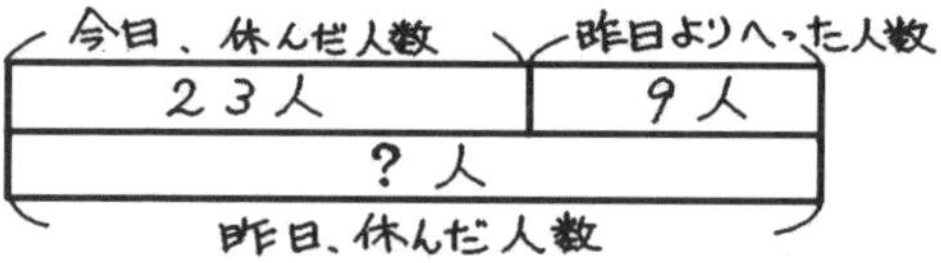

テープ図がかけない場合は絵を描かせましょう。

文字だけでは場面を想像することがむずかしいので、絵や図を描くことによって、何を求めればよいのかがわかり、23人と９人を合わせた人数を求めればよいことに気づくのです。

ただ、この問題には他にも落とし穴がいくつかあります。

ア　「へっていく」状態は「ひき算」と結びつく場合が多い。

イ　「休みました」という場合、少なくなっていくイメージが強い。

ウ　23と９の加減にはくり上がりやくり下がりがあり、最初から苦手意識をもってしまう。

アについては、減っていった後の結果を求めるときにひき算を使うことを理解させます。イについては、下のような図を書き、「今日のお休みの人数」と「昨日のお休みの人数」をくらべていることをわからせます。

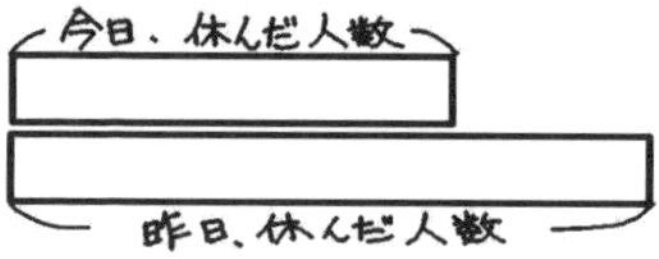

ウについては、23人を１けたの人数にして考えさせます。

35 違いがわからないときに、ひき算が使えない子

1対1対応

つまずき

ひき算にはいろいろなタイプの問題があります。筆算ができてもひき算がわかったということにはなりません。高学年になった子にひき算の文章問題をつくらせても、求残（残りを求めるひき算）の問題がほとんどで、求差（違いを求めるひき算）や求補（全体の集まりを2つに分けて考えるひき算）の問題などは考えられません。

【求残】

ミカンが５こあります。２こ食べました。残りは何こでしょう。

【求差】

ミカンが５こあります。リンゴは２こです。どちらがどれだけ多いでしょうか。

【求補】

砂場で子どもが５人遊んでいます。男の子は２人です。女の子は何人ですか。

つまずき解消法

ひき算の内容は多様ですから、問題を整理して指導する必要があります。１年生は筆算練習で手一杯ですから、求残を中心に指導し、求残の問題が定着してから、求差や求補の問題に取りかかります。「ひき算」として同時に指導しては、子どもは混乱するだけです。

求差の例題

本が５さつあります。子どもが６人います。
①本は子どもよりどれだけ少ないですか。
②子どもは本よりどれだけ多いですか。

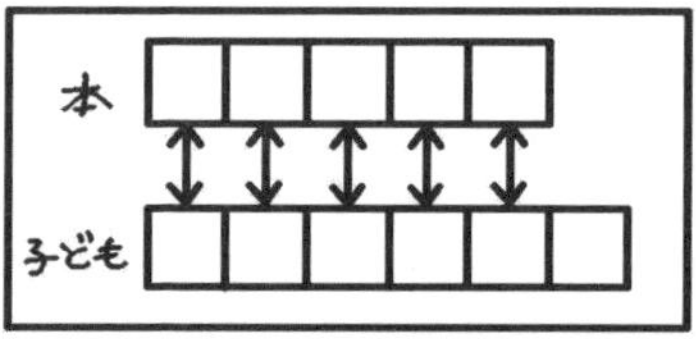

このような例題を考えれば、求差の問題は、ひとつの場面でどちらが多いか、少ないかで２つの問題ができます。

そこで、問題解決には、まず何を問われているのかはっきりさせなくてはなりません。そして、問題の場面を絵や図にします。

次に算数式の意味の問題が出てきます。「人」から「さつ」のひき算（６人－５さつ）はできないのです。そこで、子ども一人ひとりに本を１さつずつもたせ、本と子どもを結びつけます。そして６人－５人＝１人とします。この場面で、同じひき算でも求残との違いがはっきりします。

子どもたちは求残の問題を「残り算」、求差の問題を「手つなぎ算」などと呼んでいます。

36 「1m^2のかべをぬるのに3.2dℓのペンキを使うとき、2.4dℓのペンキではどれだけぬれるでしょう」という問題に、「3.2÷2.4」という式を書いてしまう子

つまずき　小数のわり算

加減乗除を学んだ後、子どもたちは文章問題が苦手になります。どの演算を使えばよいかがわからなくなってしまうからです。市販のテストなどには、「小数のわり算」や「分数のかけ算」のようなタイトルがついています。子どもたちのなかにはそれを見て演算を決めている子もいます。わり算を使うことがわかっても、どの数をどの数でわればよいのかがわからず、「大きい方÷小さい方」としたり、文章の「最初に出てくる数÷後から出てくる数」としてしまう子もいます。

つまずき解消法

かけわり図（51ページ参照）を活用します。

①まず、この問題文の中にある１あたり量を探します。「１㎡のかべをぬるのに3.2dℓのペンキを使う」ことから、下図がわかります。

3.2dℓ	
1㎡	

②次に、ペンキの量「2.4dℓ」を3.2dℓの右に書きます。

3.2dℓ	2.4dℓ
1㎡	

③そして、2.4dℓの下に「？㎡」を書きます。

3.2dℓ	2.4dℓ
1㎡	？㎡

④「？㎡」は「2.4dℓ÷3.2dℓ」で求められることがわかります。

37 割合の問題が苦手な子

割合

つまずき

割合は昔から多くの子どもたちを悩ましている単元です。教科書には次の式が載っています。

割合＝くらべられる量÷もとにする量
くらべられる量＝もとにする量×割合
もとにする量＝くらべられる量÷割合

確かにわかりにくく、子どもたちはどの式を用いればよいのか迷ってしまいます。そもそも、「もとにする量」や「くらべられる量」というものが何を表しているのかがわからない子もたくさんいます。

つまずき解消法

「割合」という言葉はあまりピンとこないようです。これよりもまだ「倍」の方がよく使われています。「割合」を「倍」と考えましょう。そして、「もとにする量」を「入力」、「比べられる量」を「出力」と考えてみましょう。

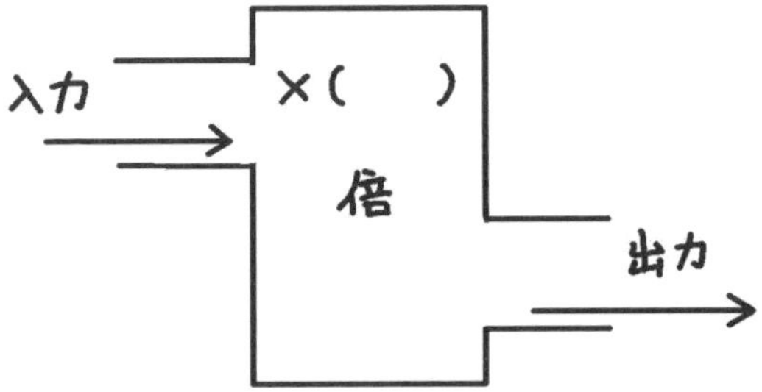

上の図は自動販売機（はたらきはよくわからないが、何かを入れると何かが出てくる）を簡略化した図です。この機械に、「４倍にする」というはたらきがあるとします。左から「60円」を入れると、機械が、×４というはたらきをします。

そして、右から結果として、60円×４＝240円が出てきます。これが割合の考え方です。

「４倍にする」を「４割にする」とすれば、60円×0.4＝24円となります。

３つの式を覚えるのもたいへんなので、ひとつだけ覚えることにしましょう。

　入力×倍＝出力
（もとにする量×割合＝くらべられる量）

この式から、倍（割合）を求めるときは
　入力×？＝出力から、
　出力÷入力＝？

入力を求めるときには、
　？×割合＝出力から、
　出力÷割合＝？
を計算して答えを求めるようにしましょう。

38 ある本を75ページまで読みました。これはこの本の25％にあたります。この本は何ページありますか」のような問題が苦手な子

割合

つまずき

「25％にあたります」という文章がどういう意味なのか、わからない子がいます。割合のむずかしさは、何を「１とみる」かがわからないところにあります。量ならば、目に見え、絵に描くこともできるのですが、割合は、量を操作するときの「はたらき」や、２量の関係であり、普通、単位をつけることもありません。どのような演算を用いれば答えを求められるのかわからない子が少なくありません。

つまずき解消法

割合は表題の25％のように％で表されるだけでなく、「３割６分」や「$\frac{1}{3}$」、あるいは「4.5倍」などと、いろいろな形で表されます。まず、それらを小数に直すことが必要です。３割６分は0.36、25％は0.25です。

さて、「0.25」という割合が問題文に出てきたときには、それに対して必ずどこかに「１にあたる量」があります。「１にあたる量」が何なのかを見ぬかなければなりません。

問題文には、「この本の25％」とあります。ここから「この本」が「１にあたる量」であることがわかります。

「これはこの本の25％」の「これは」は「75ページ」を指している指示語です。ですから「75ページはこの本の0.25」と読み替えることができます。

そして、

75ページ（出力）……0.25

この本　（入力）……１

という関係が見えてきます。

すると、かけわり図を使って式を書くことができます。

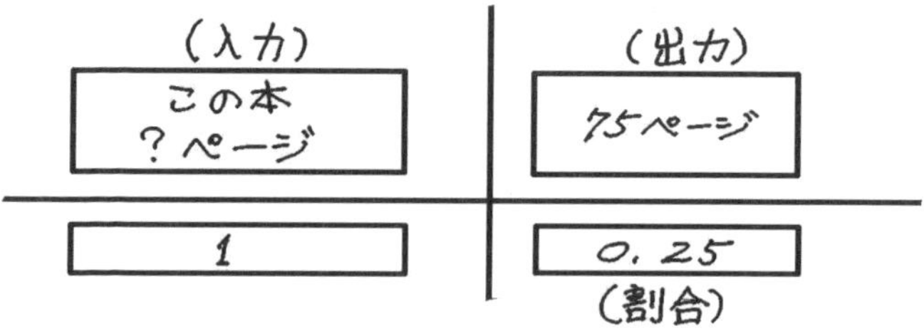

かけわり図から、

75ページ÷0.25＝300ページ

を求めることができます。

なお、「もとにする量」は「１にあたる量」という意味です。「くらべられる量」は、もう一方の量、つまり「25％にあたる量」を指します。

39 「100㎞走るのに8ℓのガソリンを使う車は、160㎞走るときに何ℓのガソリンを使いますか」という問題に、「160÷8＝20、20×100＝2000で、答え2000ℓ」という式や答えを書いてしまう子

1対1対応

つまずき

　このような子は、問題文に出てくる２つの量、距離とガソリンの関係を考えていなかったようです。そのかわり、100、8、160の３つの数字を見て、適当にわり算やかけ算の式を書いて答えを求めてしまったのでしょう。

つまずき解消法

　ひとつひとつの式で求められる量が、どのような量なのかをいつも考える習慣を身につけましょう。
「160㎞÷８ℓ」という式からは「20㎞／ℓ」という量が出ています。これは、「その車が１ℓのガソリンで進む距離」、つまり燃費です。この問題で考えなければならない車は、「８ℓで100㎞走る車」であって、「８ℓで160㎞走る車」ではありません。
　もうひとつの式、「20㎞／ℓ×100㎞」からは「2000㎢／ℓ」が出てきます。これは１ℓのガソリンを2000㎢の広さの土地に広げる様子を表しています。この問題には必要ありません。

この問題は次の手順で解きます。

①まず、この車の燃費を求めます。
かけわり図に100km、8ℓと、答えの？kmを記入し、
1ℓのガソリンで何km走る車なのかを求めます。

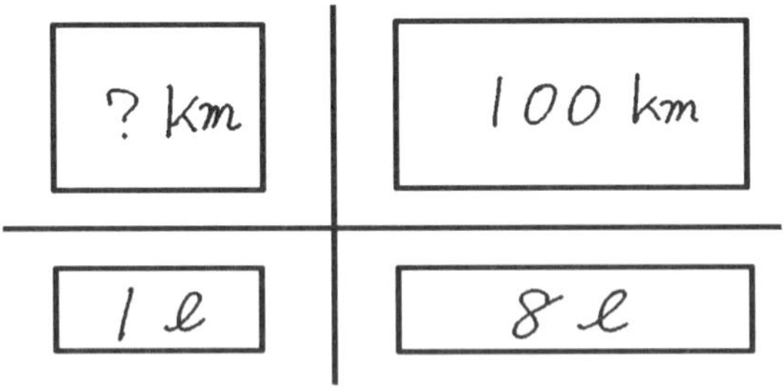

100km÷8ℓ＝12.5km／ℓ

②1ℓで12.5km走る車は、160km走るには何ℓのガソリンを使うのかを第2のかけわり図を書いて求めます。

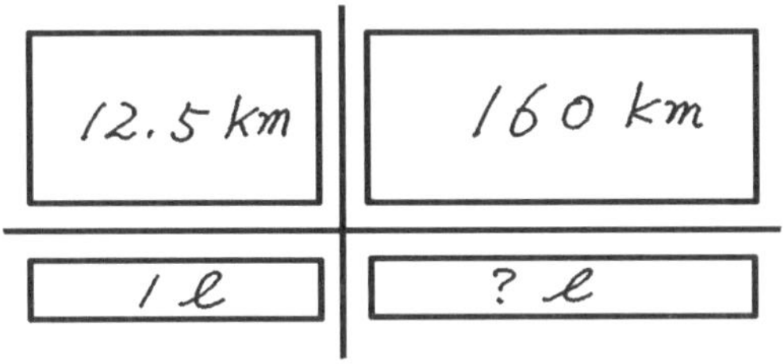

160km÷12.5km／ℓ＝12.8ℓ

これで、「12.8ℓ」という答えが求められます。

もうひとつの解き方を紹介します。

この車の走る距離と使うガソリンには、比例の関係があります。一方が2倍、3倍になれば、もう一方の量も2倍、3倍になります。

車が走った距離は、100㎞から160㎞に変わりました。「160㎞÷100㎞＝1.6倍」で、1.6倍になっていることがわかります。

使うガソリンもそれと同じように増えるので、「8ℓ×1.6倍＝12.8ℓ」となり、「12.8ℓ使う」という答えを求めることができます。

そもそも、160㎞走るのに、2000ℓものガソリンが必要なわけはありません。そのことに気がついて欲しいものです。しかし、子どもたちは答えを出すことに一生懸命で、出した答えが正しいかどうかを確かめる余裕はありません。

40 小数や分数を使ってわり算の作問ができない子

1対1対応

つまずき

学習の理解度は、「文章問題づくり」をさせるとよくわかります。

わり算がわかったかどうかを「12÷３の計算を必要とする文章問題を考えましょう」と整数で出題すれば、多くの子が生活が見える問題をつくります。しかし、同じわり算でも「0.5÷0.8」や「$\frac{1}{2} \div \frac{2}{3}$」の小数や分数の問題づくりでは手詰まりとなる子が多くいます。

12このアメを３人で分けます。
１人分は何こでしょう。

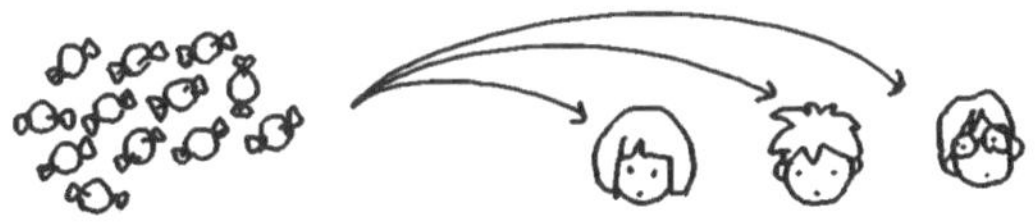

12このアメを１人に３こずつ分けます。
何人に分けられるでしょう。

0.5÷0.8は？
小さい数を大きい数で分けられるのかな？
0.5mを0.8mずつなんて切れないし……。

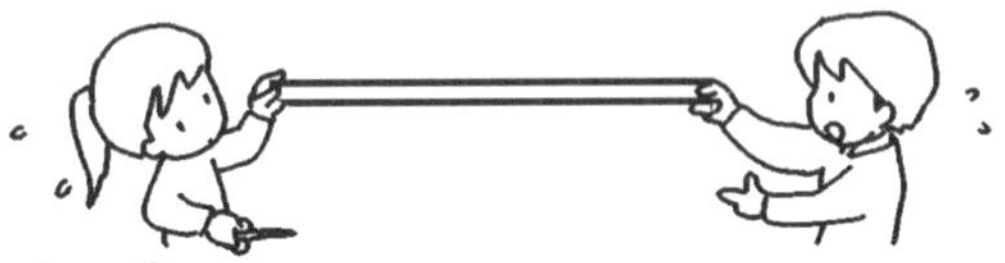

$\frac{1}{2} \div \frac{2}{3}$ は？？
えっ、分数？　どんな場面なのかな？

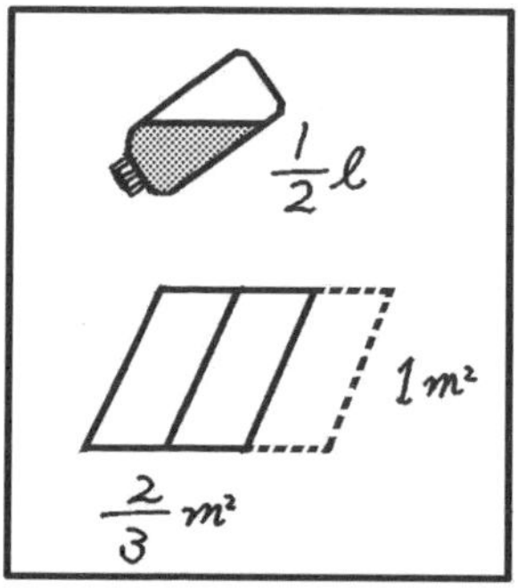

まず、わり算の文章問題づくりですから、１あたり量を求める問題をつくるか、いくつ分を求める問題にするか決定します。次に分数や小数での作問ですから数字式に単位をつけて考えます。単位を考えることで、連続量÷連続量の場面が想定できます。

仮に１あたり量を求める問題に決めて、「$\frac{1}{2}$ ℓ ÷ $\frac{2}{3}$㎡」とすれば、「$\frac{1}{2}$ ℓ の液体肥料を$\frac{2}{3}$㎡の花壇にまきます。１㎡の花壇では何ℓ の液体肥料が必要ですか」などとなるでしょう。

そのとき、問題を考えやすくするのは、やはり「かけわり図」です。かけわり図に数値を入れればどんな場面かある程度考えられます。

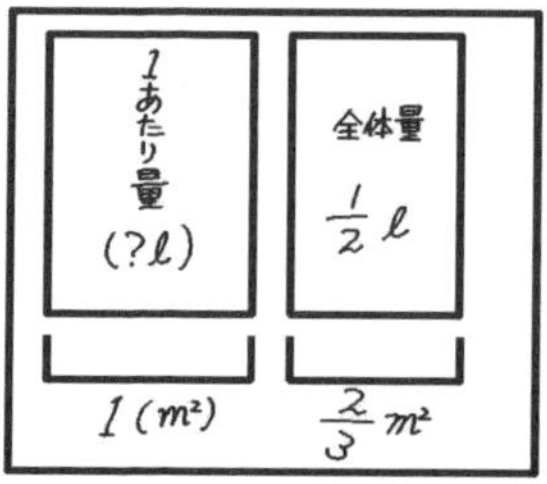

また、いくつ分（土台量）を求めるわり算を考えたとしても、「$\frac{1}{2}$g ÷ $\frac{2}{3}$g／m」などと単位をつけてから、作問するようにします。

１あたり量は「所属感」のある量ですから、スラッシュ（／）を使って表現することに慣れておく必要もあります。

しかし、子どもたちには小数や分数の学習時にいくつかの場面で実際に実験などをして経験させていないと、なかなか作問はできません。「長さと重さ」「かさと重さ」「かさと広さ」などの実験が大切です。ましてや真小数÷真小数や真分数÷真分数の場面では、商がわられる数より大きくなるのですから、かけわり図を常に活用し、わり算の演算は＜１あたり量＞か＜土台量＞を求める計算だということを、しっかりと理解させておくようにします。

編著者紹介

●

篠田《しのだ》幹男《みきお》

1949年　東京生まれ

東京都公立小学校教諭　数学教育協議会会員

著書

『図形の探検』（太郎次郎社）

『らくらく算数ワーク・1〜4年』（共著、草土文化）

『算数あそびベスト50』（低学年・中学年・高学年3冊）（共著、民衆社）

『5分の準備でクイック算数遊び＆パズル』（共著、いかだ社）

岩村《いわむら》繁夫《しげお》

1951年　東京生まれ

東京都公立小学校教諭　数学教育協議会会員

著書

『比例の発見』（太郎次郎社）

『いきいき算数４年の授業』『いきいき算数プリント4年』（ひまわり社）

『どうしたら算数ができるようになるか』（共著、日本評論社）

『らくらく算数ワーク・1〜4年』（共著、草土文化）

『5分の準備でクイック算数遊び＆パズル』（共著、いかだ社）

イラスト●上田泰子・桜木恵美

編集●Ｉプランニング

ブックデザイン●渡辺美知子デザイン室

つまずき解消！
クイック算数上達法

2008年３月12日第１刷発行

編著者●篠田幹男・岩村繁夫©

発行人●新沼光太郎

発行所●株式会社いかだ社

〒102-0072　東京都千代田区飯田橋2-4-10　加島ビル

Tel 03-3234-5365　Fax 03-3234-5308

振替･00130-2-572993

印刷･製本　株式会社ミツワ

乱丁･落丁の場合はお取り換えいたします。

ISBN978-4-87051-225-2